Monika Keuthen

Achtung: Kollegin

Monika Keuthen

Achtung: Kollegin

Wie Frauen
mit weiblicher Konkurrenz
souveräner
umgehen können

Kösel

Druck und Bindung: Kösel, Krugzell
Umschlag: 2005 Werbung, München
Umschlagmotiv: getty images, David Roth
ISBN 3-466-30666-3

Inhalt

Kapitel 2

Mobbing unter Frauen – die Extremform

Kapitel 3

Umgang mit sich selbst und anderen Frauen

Vorwort

Die Kollegen sind alle Frauen – was nun?

Kennen Sie das? Sie haben den begehrten Job in der Tasche, die richtige Wohnung, das passende Gehalt – und liebe, nette Kolleginnen? Mit Petra treffen Sie sich zum Badminton, mit Annette bummeln Sie durch die Kaffeebars, mit Verona essen Sie Sushi und reden über die Arbeit und über Feng-Shui, die Kinder und vielleicht auch über Ihren Mann? Sie halten das Glück in Ihren Händen? Plötzlich fühlen Sie Katerstimmung? Nicht, weil Sie zu tief ins Glas geschaut hätten, sondern weil Petra, mit der Sie besonders gut zu kooperieren meinten, Sie neuerdings im Büro an die Wand spielt, weil Annette hinter Ihrem Rücken mit den Kolleginnen über Sie redet, weil Verona Sie unter ihre fürsorglichen Fittiche nimmt, obwohl Sie keiner Fürsorge bedürfen. Sie wollen aus der Haut fahren, fühlen sich ohnmächtig und stellen erstaunt fest, dass Sie nicht wissen, wie frau tickt, obwohl Sie selbst eine Frau sind. Und Sie fragen sich automatisch: Was mache ich falsch?

Für diese Frage gibt es genügend Anlass, denn Sie leisten gute Arbeit, treten aber nach dem ersten Elan mit Ihren Projekten auf der Stelle und verzweifeln über den Beziehungskrieg, in den Sie hineingeraten sind. Damit sind Sie nicht allein. Viele Frauen sind davon überrascht, weil sie erwarten, dass sie mit Frauen besser zusammenarbeiten können als mit Männern. Das ist zwar eine sympathische Einstellung, sie ist aber leider nicht zutreffend.

Denn es ist ein Irrtum zu glauben, die Arbeit verlaufe automatisch reibungslos, wenn eine Frau die männlichen Vorurteile nicht mehr widerlegen muss. Die Probleme, die sich auftun sind allerdings ungewohnt. Frauen werden von Frauen sabotiert. Das betrifft sowohl die weibliche Führungskraft, die in der Hierarchie oben steht, als auch die Frauen, die nachgeordnete Tätigkeiten ausführen. Selbst unter gleichrangigen Frauen tritt früher oder später ein »Hickhack« ein, den eigentlich keine der Frauen wirklich möchte: Plötzlich wird jede ihrer Bewegungen unter die Lupe genommen, jedes Wort auf die Goldwaage gelegt, jedes Accessoire ihrer Kleidung beargwöhnt. Rivalität und Eifersucht blockieren die Arbeitsbeziehungen, die freundlich, sachbezogen und ideenreich begonnen haben. Wichtige Synergieeffekte und jede Menge Motivation gehen verloren. Keine der beteiligten Frauen verspürt mehr so richtig Freude an der Arbeit, sobald sie den Betrieb betreten haben. Dabei wissen sie nicht einmal, welche Mechanismen sich wie und weshalb einstellen.

DIE KONKURRENZFALLE ERKENNEN

Die Folge dieser mangelnden Vorbereitung von Frauen auf den Umgang mit anderen Frauen kostet viele Unternehmen ein Vermögen und vielen Frauen den verdienten Erfolg, weil die Qualität der Arbeit darunter leidet, bestens ausgebildete Frauen enttäuscht das Handtuch werfen oder alle frustriert vor sich hin leiden. Schlimmstenfalls endet die Rivalität in Mobbing und Jobverlust. Viele Frauen bedauern, dass sie anderen Frauen offen und herzlich begegnet sind. Sie ziehen sich in sich selbst zurück. Andererseits predigt der moderne Wettbewerb »draußen«, dass die Frauen dringend benötigt werden, weil sie über Eigenschaften verfügen, auf die niemand mehr verzichten möchte. Es sind die so genannten »soft skills« wie: integrativ, eloquent oder kooperativ. Talente, mit denen sich frau aber ins Abseits manövriert, wenn sie nicht den richtigen Umgang mit frau gelernt hat. Und das alles nur, weil Frauen nicht bewusst ist, dass sie miteinander konkurrieren, obwohl sie doch zu kooperieren glaubten. Die Konkurrenz ist weiblich. Dennoch muss die Konkurrenzfalle frau nicht bedeuten, dass Sie sich verbiegen, Ihre Talente verbergen, auf hohem Niveau verkümmern oder sich die Butter vom Brot nehmen lassen. Denn die Regeln der Konkurrenz und der Psychologie der Frau sind erlernbar.

Dieses Buch will Ihnen dabei helfen. Es bereitet Frauen auf Frauen vor, die sie abblitzen lassen, weil sie befördert werden, ein höheres Gehalt erhalten, unentbehrlich sind, älter sind oder jung und unbeschwert auftreten, Gefühle zeigen, gute Laune verbreiten, beliebt sind, die Chefin rauskehren, Führung vermeiden, für die ganze Abteilung den Kaffee kochen, Überstunden machen, Mädchen für alles spielen, sich Arbeit mit nach Hause nehmen und sich die Nächte um die Ohren schlagen, den besseren Draht zur Chefin haben, sie sich selbst im Weg stehen oder es nur »gut gemeint« haben. Kurzum: Sie machen Fehler, die zwar weiblich, aber unverzeihlich sind. Das Buch bereitet Frauen auf die Gesetze der Konkurrenz vor. Es will frau helfen, die Freude an der Arbeit und an der guten Beziehung zu Frauen zurückzugewinnen, Erfolg zu haben, ausgeglichen, erfüllt und authentisch zu bleiben.

MANGELNDE VORBEREITUNG LÄSST POTENZIALE UNENTDECKT

Frauen arbeiten auf allen Hierarchiestufen mit Frauen zusammen. Die Erfahrungen zeigen, dass die Probleme, die Frauen mit Frauen haben, in ihrer entwicklungsgeschichtlichen Programmierung begründet und oft durch eine typische Mädchenerziehung verstärkt worden sind. Frauen geraten im Konkurrenzkampf mit anderen Frauen talentvoll in die Rolle der Verliererin, obwohl sie fachlich qualifiziert alle Potenziale ausschöpfen könnten. Zwei Dinge aber stehen ihnen im Weg, um diese Potenziale wirklich zu nutzen: Erstens haben Frauen ganz andere Probleme mit Ranking als Männer. Und zweitens werten viele Frauen unbewusst Harmonie und Anerkennung höher als die Leistung, die sie oder andere einbringen. Frauen denken in Personen, nicht in Funktionen. Eine große Rolle spielt dabei aber auch, dass sich Frauen in einem Team anders verhalten, als sie es in Zweierbeziehungen tun. Es sind im Prinzip vier Problemzusammenhänge, die zu erkennen frau die Hürden der weiblichen Konkurrenz nehmen lässt:

1. Konkurrenz

Männer konkurrieren selbstverständlich miteinander. Frauen lehnen es eher ab, mit anderen Frauen in Konkurrenz zu treten. Sie vertreten das Gleichheitsprinzip. Diese Konkurrenz vermeidende Haltung verursacht bei vielen Frauen nicht nur emotionale Probleme, sie wirkt sich auch schädlich auf das Arbeitsklima aus und gefährdet die Arbeitsinhalte und Zielerreichung der Aufgabenstellung. Am Ende verlieren alle.

2. Mobbing

Mobbing unter Frauen ist nichts Ungewöhnliches. In der Vergangenheit konkurrierten Frauen mit anderen Frauen nicht um die beste

Idee, sondern um den besten Mann. Das Spiel lautete: »Spieglein, Spieglein an der Wand …« Um die Rivalin auszustechen, war jedes Mittel erlaubt. Das Thema hat sich gewandelt, die Mittel sind geblieben. In Situationen, in denen subjektiv oder objektiv Mangel besteht, zum Beispiel weil vor dem Hintergrund der allgemeinen Wettbewerbsfähigkeit vieler Unternehmen sehr viel Personal abgebaut wird, heiligt der Zweck die Mittel. Wer das Problem als solches nicht erkennt, läuft in Gefahr, Opfer von Intrigen zu werden.

3. Umgang mit sich selbst und anderen
Frauen möchten Erfolg haben, für ihren Einsatz anerkannt werden und mit anderen Frauen freundschaftliche Beziehungen pflegen. Für viele Frauen stellt sich dieser Dreiklang als unlösbarer Widerspruch dar. Wird für diesen Widerspruch nicht die kompatible Passung gefunden, scheitert frau früher oder später an ihrem lobenswerten Anspruch.

4. Fit durch Ausgeglichenheit und Energie
Gewinner strahlen Vitalität und Lebensfreude aus. Auch Frauen können viel für sich selbst tun, indem sie den positiven Egoismus entdecken. Dazu gehört, nein zu Dingen zu sagen, die sie nicht wirklich wünschen. Dazu gehört auch die richtige Ernährung – frei von Zigaretten, Kaffee und Alkohol. Und freie Zeit, die nur für das eigene Wohl reserviert ist. Ein altes Hobby pflegen oder ein neues zu versuchen, regelmäßig Sport zu treiben und sich ganz auf sich selbst zu besinnen, das alles kann sehr viel Gutes bewirken.

DIE HERAUSFORDERUNG ANNEHMEN

Die folgenden Kapitel helfen Frauen sowohl in Führungspositionen als auch in nachgeordneten Tätigkeiten in Wirtschaft, Politik, Industrie oder im öffentlichen Dienst oder auch selbstständigen Frauen und Frauen, die in kleinen und mittleren Unternehmen mit anderen Frauen arbeiten. Es gibt keinen Beruf und keine Position, in der frau nicht mit dem Problem der weiblichen Konkurrenz konfrontiert ist.

Konkurrenz unter Frauen ist eine Herausforderung. Es gibt keinen Grund, daran zu verzweifeln, denn es gibt viele Wege, um die Probleme zu lösen, die Frauen sich gegen ihr eigenes Wollen selbst schaffen und sich von anderen Frauen überstülpen lassen. Konkurrenz unter Frauen hat immer auch viel mit guter und schlechter Kommunikation zu tun. Deshalb ist die Kommunikation der rote Faden, der Sie durch dieses Buch leitet. Die einzelnen Kapitel sind als eigenständige Module konzipiert. Das heißt: Wenn Sie wenig Zeit zum Lesen haben, können Sie sich das Thema aussuchen, das Sie am meisten interessiert. Wenn Sie sich mehr Zeit nehmen möchten, erhalten Sie in der Zusammenschau der vier ausgewählten Themenkomplexe ein umfassendes Bild, das Sie in die Lage versetzt, mit weiblicher Konkurrenz professionell umzugehen, statt unter ihr zu leiden.

Lesen Sie und entdecken Sie Ihre Moglichkeiten.

Kapitel 1

Frauen und Konkurrenz

Konkurrenz als fairer Wettstreit funktioniert nicht

Das Wort Konkurrenz kommt aus dem Lateinischen und bedeutet zusammen laufen, sich stärken, gemeinsam voranschreiten. Im Sprachgebrauch unserer heutigen Gesellschaft und Arbeitswelt steht Konkurrenz aber für Wettbewerb, Wirtschaftskampf, Gegnerschaft. Das klingt nach harten Bandagen, kaltem Kalkül und rasselnden Säbeln. So ist es auch. Es gibt nur einen Sieger, selbst wenn alle Beteiligten ziemlich oder sogar gleich gut sind. Konkurrenz ist also ein Ausleseprinzip. Sie zielt darauf, den Besten oder die Beste zu ermitteln. Es geht für alle, die sich auf die Bühne Konkurrenz begeben, also nicht darum, den besten Inhalt zu präsentieren, sondern darum, die beste Passung für das von außen vorgegebene Ziel zu finden. Das Ziel ist in unserer postindustriell geprägten Gesellschaft nicht weiblich/männlich, sondern immer noch männlich definiert. Es heißt Gewinnmaximierung. So hart es auch klingt: Die synonymen Begriffe lauten: Macht, Geld und Status. Der Wettbewerb unterliegt diesen Gesetzen.

Auf diese Wirklichkeit treffen Frauen, die einen Beruf ausüben. Möglicherweise sind sie außer durch die Notwendigkeit, Einkommen zu erwerben, auch dadurch motiviert, sich selbst zu verwirklichen, zu kooperieren oder gemeinsam mit anderen die besten Inhalte zu finden. Schlicht gesprochen: Sie bringen in die männlich verfasste Arbeitswelt ihr weibliches Wesen ein. Das ist zwar sympathisch, hat aber nicht dazu geführt, die Umgangsformen liebenswerter zu gestalten.

Wenn es zum Beispiel nur eine Stelle gibt, aber mehrere Bewerberinnen vorhanden sind, werden diese automatisch miteinander konkurrieren. Da jede siegen will, es aber nur eine Siegerin geben kann, verläuft der Wettstreit nicht nach fairen Regeln. Nicht der faire Umgang mit den anderen Frauen ist der Maßstab, sondern das anvisierte Ziel. Das kann der Arbeitsplatz und das damit verbundene Einkommen sein oder eine attraktive Aufgabe, für die nur eine in Frage kommt; das kann die gute Beziehung zur Chefin sein; das Ziel kann auch ganz einfach nur darin bestehen, Recht zu haben und zwar unabhängig davon, ob die Diskussion eines Themas sinnvoll ist oder nicht. Die Frage lautet jeweils: Was ist angemessen, um die andere zu übervorteilen?

KONKURRENZ SCHRECKT AB

Diese Art der Konkurrenz ist für viele Frauen eine neue Erfahrung, auf die sie nicht vorbereitet sind. Frauen treffen auf Frauen, die sich sehr ähneln und dennoch sehr verschieden sind. Dabei werden Funktionen in Frage gestellt und Positionen übersehen. Viele Frauen lehnen Konkurrenz unter Frauen ab. Sie ist für sie ein Tabu und wird zu einem gravierenden Problem, weil sie ihren natürlichen positiven Empfindungen, die sie anderen Frauen entgegenbringen, widerspricht. Frauen denken nicht in Hierarchien. Das schafft Widersprüche.

Die Konkurrenz wird ihnen aber von außen aufgezwungen. Das betrifft auch viele Frauen, die Führungspositionen wahrnehmen. Sie konkurrieren täglich mit anderen Frauen, obwohl sie integrieren und kooperieren möchten. Die folgenden Äußerungen spiegeln die Widersprüchlichkeit, die frau mit der weiblichen Konkurrenz verbindet:

- »Ich möchte nicht hässlich mit anderen Frauen umgehen, aber eine muss ja die Richtung vorgeben.«
- »Ich wünsche, dass es nur Gewinner, aber keinen Verlierer gibt.«
- »Zu konkurrieren bedeutet, dass ich Prioritäten setzen und auf emotionale Nähe, die mir wichtig ist, verzichten muss. Das möchte ich nicht. Ich versuche Konkurrenz zu vermeiden und verzichte auf meine Möglichkeiten.«
- »Konkurrenz ist ein typisch männliches Ausleseprinzip. Das haben wir Frauen gar nicht nötig.«
- »Ich möchte mit anderen Frauen eine gute Beziehung pflegen. Am Ende schade ich mir nur selbst.«

Das spricht zunächst einmal für die soziale Reife dieser Frauen. Doch diese moralisch lobenswerte Einstellung führt sie nicht zum Ziel. Frauen, die echte Konkurrenz mit Frauen vernachlässigen oder Konkurrenz vermeiden,

- bringen sich um ihren Erfolg, obwohl sie mehr leisten als andere;
- stecken ihre Kraft in die Beziehungspflege statt in die Arbeit;
- übersehen, dass Konkurrenz eng verwandt ist mit Macht. Sie laufen Gefahr, von dem Machtanspruch der anderen ausgebootet zu werden;
- dulden stillschweigend, dass nicht die beste Idee über den Erfolg eines Projektes entscheidet.

Was viele Frauen nicht wissen: Ihre ablehnende Haltung gegenüber der Konkurrenz mit Frauen ist der Nährboden für ein feindseliges

Betriebsklima, das schlimmstenfalls in Mobbing endet. Durch Mobbing gehen der Wirtschaft jährlich horrende Summen verloren. Nicht nur der betriebs-, sondern auch der volkswirtschaftliche sowie der persönliche Schaden sind dabei immens.

Deshalb will dieses Buch zeigen, welche Gefühle Frauen im Umgang mit anderen Frauen daran hindern, konkurrent zu sein.

Konkurrenz ist, was **frau** dabei **empfindet**

Wenn wir uns ansehen, was täglich in den Unternehmen geschieht, dann ist Konkurrenz nicht nur ein Wettstreit um den ersten Platz in einer Hierarchie, sondern auch ein Spiel, in das Frauen mehr hineinlegen als angemessen ist. Selbst wenn die Würfel gefallen sind und eine die Beste ist, versuchen viele Frauen, die Karten neu zu mischen. Die Beste minimiert dabei sogar freiwillig ihre Möglichkeiten. Deshalb verbinden so viele Frauen mit Konkurrenz unter Frauen negative Gefühle. Bei genauerem Betrachten erweist sich diese Haltung aber als einseitig.

Ein gutes Beispiel, um das zu zeigen, ist das Familienspiel: »Mensch ärgere dich nicht.« Wir strengen uns an, wir verlieren, wir gewinnen und wir können darüber lachen. Das, und nichts anderes, ist der intelligente Umgang mit Konkurrenz. Weshalb gelingt Frauen das nur beim Spiel mit bunten Figuren auf dem Brett und nicht im Spiel um den Erfolg im wahren Leben? Schauen wir einmal genau hin. Frauen spielen »Mensch ärgere dich nicht« in der Familie mit ihren Kindern und nicht mit der ärgsten Rivalin. Das heißt: Sie stehen im Umgang mit ihren Kindern in der Hierarchie an erster Stelle. Sowohl die Frauen als auch die Kinder betrachten dieses Ranking als selbstverständlich. Die Frauen können sehr gut damit umgehen, in der Familie die weibliche Führungskraft zu sein. Ärgerliche Gefühle, die im Spiel natürlich bei allen auftreten, lösen sich schnell wieder in Wohlgefallen auf. Weshalb finden es dieselben Frauen andererseits so schwierig, ihre negativen Gefühle, die sie beim Wettstreit mit anderen Frauen verspüren, in positive Energie umzuwandeln?

Die Antwort darauf geben uns die Mädchen: Mädchen spielen am liebsten zu zweit oder in kleinen Gruppen oder jedes für sich. Dabei sind ihnen die Beziehungen zueinander und das Sprechen miteinander wichtiger als die Rangfolge untereinander. Sie gehen selbstverständlich davon aus, dass sie gleichrangig sind. Während Jungen übrigens gegeneinander spielen und Rangordnungen festklopfen. Mädchen bevorzugen kooperative Spiele. Sie schlichten Streit oder lassen Auseinandersetzungen gar nicht erst hochkommen. Sie streben nach Harmonie. Der guten Stimmung zuliebe werden in einer Spielsituation die unterschiedlichen Möglichkeiten und Fähigkeiten, die sie haben, gar nicht erst ausprobiert. Mädchen werfen alles und alle in einen Topf. Obendrauf kommt der Deckel. Das hat viel mit Erziehung und auch mit der Evolution zu tun.

Mädchen sehen einander als gleichwertig an

Beim Übergang von den Primaten zu den Hominiden, die vor einigen Millionen Jahren mit der Trennung zwischen den Vorfahren der Affen und des Menschen begonnen hat, schlossen sich die Männer zur Jagdbande zusammen. Nur so konnten sie den Nahrungsbedarf der Gruppe, in der sie lebten, sicherstellen. Die Jagdbande wiederum brachte die erste Arbeitsteilung, die je zwischen Männern und Frauen existierte. Die Frauen der Gruppe gerieten in die Abhängigkeit der Männer, die zuvor nicht bestanden hatte. Sie konkurrierten also nicht wie die Männer um die Position des »Chefs« in der Jagdbande, sondern mit anderen Frauen um den besten Mann der Gruppe. Das brachte Eifersucht ins Spiel und rückte andere Eigenschaften in den Vordergrund als die, die man etwa fürs Erlegen von Großwild benötigte. Eigenschaften wie: schön, beliebt, sanftmütig, anpassungsfähig, friedfertig – das waren zweifellos die bevorzugten Attribute, die Frauen für Männer begehrenswert machten. Die Mütter gaben ihren Töchtern diese Attribute weiter. Das alles brachte nicht nur Eifersucht, sondern obendrein auch die Widersprüche und das »Spieglein an der Wand« ins Spiel.

MIT KONKURRENZ POSITIV UMGEHEN

Zwei Dinge sind für unser Thema wichtig. Erstens: Die zivilisierte Frau ist durch diese Erfahrungen geprägt. Das Team, in dem sie sich heute bewegt, hat die Bedeutung übernommen, die urgeschichtlich das Leben in der Sippe hatte. Wir werden in einem späteren Kapitel sehen, welche Auswirkungen dieser Sachverhalt auf die heutige Konkurrenz unter Frauen hat. Zweitens: Viele im Berufsleben stehende Frauen haben nicht gelernt, um Ranking zu kämpfen. Am allerwenigsten die Frauen, die ohnehin die Besten sind. Häufig empfinden gerade kompetente Frauen Konkurrenz als belastend. Fatal wird es, wenn frau nicht nur kompetent ist, sondern auch dem gängigen Schönheitsideal entspricht.

Aber: Das Spiel »Mensch ärgere dich nicht« in der Familie zeigt, dass Frauen in der Lage sind, einen positiven Umgang mit Konkurrenz zu pflegen. Sie managen in der Familie Mann und Kinder, sie treffen alle wichtigen Entscheidungen, bestimmen über die kleinen und die großen Dinge des Lebens, sie geben den Ton an und sagen, wo es lang geht. Sie können sogar die besten Freundinnen ihrer erwachsenen Töchter sein. Das ist nichts anderes als ein intelligenter Umgang mit weiblicher Konkurrenz. Sie ist an sich also nichts Negatives. Konkurrenz ist allein das, was Frauen in sie hineinlegen.

Wenn Sie Konkurrenz mit anderen Frauen als negativ empfinden, sollten Sie immer daran denken, dass Konkurrenz etwas ist, das in der Arbeitswelt selbstverständlich ist. Sie sollten sich nicht von Ihren negativen Gefühlen leiten lassen, sondern einen bewussten Umgang mit anderen Frauen pflegen. Die Erfahrungen zeigen: Wer Konkurrenz ablehnt, missbraucht sie, weil er die guten Seiten der Konkurrenz, nämlich um die beste Idee zu streiten, abblockt. Wachsen Sie gemeinsam mit anderen Frauen an den Spielregeln der Konkurrenz, statt sich an Frauen aufzureiben.

Tipp

Checkliste: Konkurrenz

- ist, was frau dabei empfindet;
- ist nicht frei von Eifersucht;
- ist wie ein Chamäleon: unterliegt Veränderungen und ist schwer zu fassen;
- kann zur Manipulation von Frauen missbraucht werden – das heißt jedoch nicht, dass Konkurrenz grundsätzlich schlecht ist;
- kann sich positiv auf die Entwicklung von Frauen auswirken;
- kann zu Ausgrenzungen führen;
- kann Sie nicht dazu zwingen, Dinge zu tun, die Sie nicht möchten;
- kann Sie dazu bringen, Dinge zu unterlassen, die Sie tun könnten;
- bedeutet lediglich: Was Sie daraus machen, bestimmen allein Sie selbst.

Warum Frauen **Konkurrenz** fürchten

Die meisten Frauen wissen, dass Konkurrenz Gewinnerinnen hervorbringt. Diese Diskrepanz zwischen Wissen und ihrem oben dargelegten Fühlen beschert Frauen einen Kreisschluss, der sie um den Erfolg bringt. Das Paradoxe an der Situation ist: Viele Frauen verfügen über alle wichtigen Qualifikationen und Kenntnisse, um zu gewinnen. Sie stellen aber im Umgang mit anderen Frauen ihr Licht unter den Scheffel. Sie handeln unter ihrem Niveau.

Hinter diesem Verhalten verbirgt sich die Angst, abgelehnt oder mit Sanktionen belegt zu werden. Frauen haben erfahren, dass sie von anderen Frauen abgestraft werden, wenn sie Flagge zeigen, hervorragende Leistungen bringen oder durch Schönheit bestechen. Da für viele Frauen im Umgang mit anderen Frauen die gute Beziehung wichtiger ist, als in einem Ranking an erster Stelle zu stehen, ist ihre Furcht vor weiblicher Konkurrenz menschlich und verständlich. Sie fürchten die Kollegin oder Freundin zu verlieren, wenn sie siegen, und verzichten auf das Siegen, wodurch sie verlieren. Es geht also im Umgang mit weiblicher Konkurrenz nicht allein um Status und Position, sondern um die Anerkennung auf der emotionalen Ebene. Frauen wollen von anderen Frauen gemocht werden. Sie wünschen sich für ihren Einsatz, der sich für viele nie allein um die Sache, sondern immer auch um die Pflege der guten Beziehung zu anderen Frauen – also um das Ganze – dreht, anerkannt zu werden.

Frauen suchen Anerkennung auf emotionaler Ebene

Diese Medaille Anerkennung und Verbundenheit mit anderen Frauen hat aber zwei Seiten: Leistung, Status und Position sind für viele Frauen sehr wohl attraktiv. Sie symbolisieren ihnen und anderen, dass sie es geschafft haben, sich in der männlich definierten Arbeitswelt zu behaupten: Sie haben sich durchgeboxt. Sie dokumentieren die männlich verfasste Powerfrau, haben dafür aber meistens einen hohen emotionalen Preis bezahlt. Viele dieser Frauen sind innerlich zerrissen. Sie wünschen von anderen Frauen Anerkennung für die Opfer, die sie gebracht haben. Doch sie ernten Ablehnung und Intrigen, weil sie etwas besitzen, was andere nicht haben, aber auch gerne hätten. Dieses Etwas können Statussymbole sein. Nicht nur Männer trumpfen auf: »Mein Haus, mein Auto, mein Boot.« Dieses Etwas kann auch das Sozialprestige sein, das Frauen außer ihrem Einkommen quasi als sekundären Mehrwert aus ihrem Job ziehen.

SELBSTVERWIRKLICHUNG IST MÖGLICH

Diese zweite Diskrepanz zwischen Besitzen – durch viel Arbeit hart erkämpft – und Fühlen von Ablehnung durch andere Frauen, bringt viele Frauen um ihre Ausgeglichenheit. Sie fragen sich, ob sich das alles wirklich lohnt? Und das ausgerechnet zu einer Zeit, in der Politik und Gesellschaft frau als das wahre Produkt für die Arbeit entdecken. Frauen und Arbeit, das muss ganz einfach sein. Es ist der kategorische Imperativ des 21. Jahrhunderts. Frauen und ihre Selbstverwirklichung durch die Arbeit – ist das denn überhaupt möglich? Nicht die Männer zweifeln mehr daran, sondern viele Frauen stellen sich selbst und anderen die Frage, ob sie die Spielwiese Konkurrenz wirklich wünschen. Denn die Frauen von heute wissen: Sie brauchen weder den Männern noch der Gesellschaft noch sich selbst oder anderen Frauen irgendetwas zu beweisen. Sie brauchen mit der vermeintlichen Rivalin nicht ins Konkurrenzspiel zu verfallen. Dennoch fallen sie tagtäglich in die Fußfesseln dieses Rollenspiels hinein.

Viele Frauen fürchten sich deshalb vor dem Spagat, den sie leisten müssen, wenn sie sowohl Konkurrenz mit anderen Frauen als auch ihr weibliches Fühlen auf einen Nenner bringen möchten. Sie haben Bedenken, ihre Ideale zu verraten, sich zu verbiegen, nicht authentisch zu sein, wenn sie sich konkurrent verhalten. Denn dann ist allein der Mehrwert, den sie aus der Arbeit ziehen, der Maßstab des Verhaltens. Konkurrenz unter Frauen, so glauben viele, steht der Beziehung mit anderen Frauen im Weg. Frauen wissen, dass Freundschaften unter dem Druck der Konkurrenz zerbrechen können oder von Anfang an nicht echt sind. Viele Frauen entscheiden sich deshalb, nicht mit anderen Frauen zu konkurrieren, weil sie fürchten, enttäuscht zu werden. Sie lassen lieber ihre Talente brachliegen.

Opfern Sie Ihre Potenziale nicht für Beziehungen

Doch Konkurrenz unter Frauen ist nichts, was Sie zu fürchten brauchen. Es ist allein das, was Sie und andere Frauen daraus machen. Suchen Sie deshalb nach geeigneten Formen, um konkurrent zu sein und authentisch zu bleiben. Das sind zwei Eigenschaften, die sich überhaupt nicht auszuschließen brauchen. Werfen Sie den weiblichen Wunsch nach Anerkennung und Beliebtheit über Bord. Dann sind und bleiben Sie konkurrent. Wenn Sie es sind, werden es auch die anderen. Sie haben es nicht nötig, das alte Spiel »Spieglein, Spieglein an der Wand ...« zu spielen oder sich davor zu fürchten. Spielen Sie lieber »Mensch ärgere dich nicht«.

Praxis

Wunsch nach Anerkennung über Bord werfen

Der Wunsch nach Anerkennung ist natürlich und menschlich. Männer wie Frauen streben danach. Frauen mehr als Männer. Wenn Sie erst einmal erkennen, dass dieser Wunsch wie eine Droge ist, die Sie und andere Frauen manipuliert, können Sie sich von der Droge »Zustimmung«, »Wertschätzung« und »Beliebtheit« lösen. Sie sind nicht mehr empfänglich für spitze Bemerkungen oder Machtspielchen. Sie machen Ihre Arbeit, und die machen sie gut.

Konkurrenz **zulassen**

Wenn Sie Probleme mit weiblicher Konkurrenz haben, wie kann es Ihnen gelingen, den Schalter Ihrer Empfindungen so umzulegen, dass Sie Konkurrenz nicht mehr als negativ empfinden, sondern in positive Energie für sich selbst verwandeln, die auch andere anstrahlt? Wenn Sie erfolgreiche Frauen beobachten, die es geschafft haben, stellen Sie fest, dass diese Frauen einen Umgang mit Menschen pflegen, der auf Toleranz, Verständnis, Wertschätzung, Vertrauen, Freundlichkeit, Interesse und Verantwortung beruht. Es ist dabei vollkommen unwichtig, ob sie mit Männern oder mit Frauen arbeiten. Es gibt übrigens Frauen, die sich gegenüber Männern nach genau diesen Maßstäben verhalten. Gegenüber Frauen wenden sie allerdings ganz andere Kriterien an. Das ist ein großer Fehler, den Sie abstellen sollten, sofern Sie ihn bei sich selbst entdecken. Wenn Sie sich in der Zusammenarbeit mit Frauen verantwortungsvoll verhalten, handeln Sie immer richtig. Verantwortung ist frei von jedem falschen Machtanspruch. Das ist schwierig, denn das Streben nach Macht ist menschlich. Und auch das sollten Sie wissen: Konkurrenz, Macht und Kommunikation sind eng miteinander verflochten.

Es geht bei dem Thema Konkurrenz im Kern immer auch um Kommunikation. Konkurrenz vollzieht sich immer über das Wort. Das Wort muss richtig gesendet und ebenso richtig empfangen werden. Legt der Empfänger etwas anderes in das Wort hinein, als Sie gesendet haben, dann haben Sie entweder nicht das richtige Wort gewählt oder Sender und Empfänger gehen von unterschiedlichen Voraussetzungen aus. Die Zusammenarbeit unter Frauen gestaltet sich deshalb so schwierig, weil Frauen unbewusst das »Spieglein an der Wand« befragen, bevor sie miteinander sprechen. Sie oder ich? Wer ist die Schönste, die Beste, die Beliebteste im ganzen Land? Das ist überhaupt nicht angemessen, kommt aber täglich vor: »Wollen wir doch mal sehen, ob ich ihr eins ›reinwürgen‹ kann!« Das klingt nicht sehr kollegial, kommt aber vor und ist menschlich. Wo Frauen miteinander arbeiten, da »menschelt« es besonders heftig. Betrachten wir ein Beispiel aus Sprechen, Fühlen und Verhalten, das diesen Zusammenhang aufklärt.

> Susanne ist damit beschäftigt, Informationen für ein Projekt zu recherchieren, über das sie einen Bericht schreiben soll. Sie hat nicht viel Zeit für diese Aufgabe, die sie nebenher bearbeitet. Sie überlegt deshalb, eine ihrer Mitarbeiterinnen zu bitten, für sie einige wichtige Routineaufgaben zu übernehmen, die sie normalerweise selbst erledigt. Susanne weiß, dass ihre Mitarbeiterin ihr gegenüber negative Gefühle hegt und denkt: »Wenn ich ihr jetzt damit komme, glaubt sie, ich wolle auftrumpfen und sie meine Macht spüren lassen.«

Wenn Sie so wie Susanne empfinden, haben Sie ein Problem. Sie wissen zwar, dass der Auftrag unbedingt schnell zu erledigen ist, weil daran ein wichtiges Projekt hängt. Also delegieren Sie Routineaufgaben. Dagegen ist nichts einzuwenden. Das ist ein ganz normaler Arbeitsablauf. Aber: Sie können in dieser Situation alles falsch, aber auch alles richtig machen. Sie können das Projekt gefährden oder bestmöglich gestalten – je nachdem, ob Sie Ihre Gefühle an den Gefühlen Ihrer Kollegin ausrichten oder nicht. Was bedeutet das für Sie? Das wollen wir an Susannes Beispiel ansehen:

Susanne weiß um die ablehnende Haltung, die ihre Mitarbeiterin ihr entgegenbringt. Sie möchte sie nicht verletzen, verspürt aber einen inneren Groll darüber, dass sie sich mit diesen persönlichen Befindlichkeiten belastet. Aus diesem Grund klingt ihre Stimme nicht sehr freundlich, als sie kurz und knapp sagt: »Würden Sie bitte ... bis 15.00 Uhr erledigen? Ich muss jetzt nämlich einen dringenden Bericht abfassen.« Ihre Mitarbeiterin wiederum denkt: »Die spinnt wohl, soll sie das doch gefälligst selbst machen. Die kann erst mal warten.« Als Susanne die Arbeiten benötigt, die ihre Kollegin erledigen sollte, sind sie natürlich nicht fertig, weil ihre Kollegin den Auftrag erst mal liegen gelassen hat.

Was geschieht? Ihr Groll wächst an. Sie ärgern sich und fressen Ihren Unmut in sich hinein? Sie denken: »Wäre ich ein Mann, hätte sie den Auftrag erledigt!« Sie nehmen sich die unerledigte Arbeit mit nach

Hause und legen eine Nachtschicht ein? Damit der Bericht trotzdem pünktlich fertig wird? Das stimmt Sie noch ungehaltener, als Sie ohnehin schon sind. Sie betrachten Ihre Mitarbeiterin als negative weibliche Konkurrenz, die es zu bekämpfen gilt. Ihre Mitarbeiterin sieht es übrigens ähnlich! Das bedeutet: Das Klima zwischen ihr und Ihnen ist nicht nur kühl, es wird künftig noch frostiger, als es ohnehin schon ist. Sie warten beide auf die nächste Runde, um sich gegenseitig das »falsche Verhalten« heimzuzahlen. Die Ursache für das Scheitern der Zusammenarbeit liegt einzig in diesem negativen Verständnis von Konkurrenz, das Sie und Ihre Kollegin verinnerlicht haben. Wie können Sie sich in dieser Situation konkurrent verhalten und niemanden vor den Kopf stoßen? Das zeigt die folgende Variante:

Negativität wirkt kontraproduktiv

Susanne weiß um die ablehnende Haltung, die ihre Mitarbeiterin ihr entgegenbringt. Sie kennt deren Befindlichkeiten, vertritt aber die Auffassung, dass die Qualität der Arbeit dadurch nicht beeinträchtigt werden sollte. Sie geht zu ihrer Kollegin und sagt freundlich: »Bitte übernehmen Sie ... Der ... Bericht ist wichtig für unser Projekt – er geht morgen früh raus. Ich benötige die Arbeiten um 15.00 Uhr. Mit Ihrer Hilfe werden wir es schaffen.« Ihre Kollegin fühlt sich durch die freundliche und erklärende Ansprache nicht brüskiert und schiebt die negativen Gefühle, die sie Susanne entgegenbringt, zur Seite. Sie verspürt keinen Groll über die unerwartete zusätzliche Arbeit und erledigt pünktlich die gewünschten Aufgaben. Der Bericht, den Susanne bearbeitet, geht pünktlich raus. Sie und ihre Kollegin fühlen sich gut und haben Freude an der gemeinsamen Arbeit. Es ist der Idealfall. Er ist nicht leicht zu erreichen, doch Sie können daran arbeiten, Ihren eigenen Stil dem Idealfall anzunähern. Legen Sie den Schalter Ihrer Empfindungen um.

Gute Kommunikation lässt beide Seiten gewinnen

Das Beispiel zeigt Ihnen, dass Konkurrenz, die an sich nichts Schlechtes zu sein braucht, stets gut oder schlecht gehandhabt werden kann. Es kommt ganz darauf an, was verschiedene Frauen in die Situation hineinlegen und wie sie sich verhalten. Das Beispiel zeigt Ihnen, wie wichtig es für Sie ist, dass Sie rivalisierendes Fühlen und Arbeiten voneinander trennen, wenn Sie mit anderen Frauen arbeiten. Genau das bedeutet es, Konkurrenz zuzulassen. Jede gibt ihr Bestes. Jede vergleicht sich nicht mit der anderen, sondern allein mit sich selbst. Das schließt übrigens nicht aus, dass Sie auch nein zu Dingen sagen, die Sie nicht möchten, oder Kritik zu äußern, wenn sie angemessen ist. Lernen Sie, zwischen guter und schlechter Konkurrenz zu unterscheiden. Konkurrenz unterliegt Kreisschlüssen. Sie brauchen sich nicht im Kreis zu drehen. Treten Sie aus dem Kreis heraus. Konkurrieren Sie mit der richtigen Kommunikation. Fangen Sie selbst mit der Veränderung an. Warten Sie nicht darauf, dass Ihre Kollegin es tut.

Praxis

Kreisschlüsse der Kommunikation erkennen

Jede sieht die Wirklichkeit aus ihrer Sicht. Kommunikationsabläufe verlaufen nicht linear, sondern kreisförmig. Die Frage: »Wer hat angefangen?« hilft nicht weiter. Es ist sinnvoller, nach den Zusammenhängen und den Wirkungsweisen zu fragen. Erinnern Sie sich an Situationen mit kreisförmiger Kommunikation?

Verliefen sie eher so:

A: »Ich bin verärgert, weil Sie schon wieder zu spät kommen.«

B: »Ich komme doch nur deswegen zu spät, weil Sie dauernd verärgert sind.«

Oder eher so:

A: »Ich arbeite gerne mit Ihnen zusammen, weil Sie freundlich sind.«

B: »Ich bin freundlich, weil Sie gerne mit mir zusammenarbeiten.«

Konkurrenz bringt Frauen **weiter**

So einfach gute Konkurrenz auch ist, viele Frauen haben Probleme damit. Im Grunde ist der Begriff »Konkurrenz« ein irreführendes Reizwort. Wenn es zum Beispiel nicht darum geht, als Beste aus einem Assessment-Center hervorzugehen, sondern im Alltag gut miteinander zu arbeiten, dann braucht keine Frau die andere wirklich auszustechen, zu übertrumpfen, ihre Position zu unterlaufen oder geringschätzig mit ihr oder über sie zu sprechen. Doch viele Frauen haben diese Probleme, weil sie Probleme mit der Kommunikation haben. Das Beispiel hat gezeigt, dass wir nicht bloß sprechen, sondern zueinander in Beziehung treten. Nicht ich teile mit, sondern wir beginnen einen Dialog. Wissen Sie, wie frau spricht, wenn sie den Dialog beginnt? Es gibt viel zu entdecken!

Zunächst einmal: Frauen sprechen gern und viel. Doch wenn frau mit frau spricht, stolpert sie allzu leicht in die Konkurrenzfalle frau hinein. Es wird beim Sprechen nicht eindimensional, sondern immer vierfach gesendet und vierfach empfangen. Schauen wir uns die vier Seiten der Interaktion von frau zu frau an einem weiteren Beispiel einmal genauer an.

Karin kommt zu spät zu einer Konferenz. Lisa, die Konferenzleiterin, sieht auf die Uhr und sagt: »Es ist jetzt 14.30 Uhr.«

Lisa spricht die Mitteilung und sendet:

- Sachinhalt: Es ist 14.30 Uhr.
- Selbstoffenbarung: Ich ärgere mich über Ihr Zuspätkommen!
- Beziehung: Ich, als Konferenzleiterin, bin enttäuscht von Ihnen!
- Appell: Kommen Sie in Zukunft bitte pünktlich!

Da Lisa ihre Mitteilung nicht aufschlüsselt und ihre vier Seiten nicht klar ausspricht, ist Karin gezwungen, die vier Seiten herauszuhören.

Karin interpretiert:

- Sachinhalt: Es ist 14.30 Uhr.
- Selbstoffenbarung: Ich lege Wert auf Pünktlichkeit!
- Beziehung: Sie sind eine unzuverlässige Frau!
- Appell: Kommen Sie bitte pünktlich!

Karin hört das Gesagte und sendet durch ihre Gestik, Mimik, Körperhaltung:

- Sachinhalt: Es ist 14.30 Uhr.
- Selbstoffenbarung: Ihr Ärger ist mir gleichgültig!
- Beziehung: Kehren Sie doch nicht so die Chefin raus!
- Appell: Ich komme, wann ich will!

Hier wird deutlich, wie schwierig es für frau ist, ohne Reibungsverluste in Beziehung zueinander zu treten. Lisas Nachricht, Karins Entschlüsselung, Wirkung bei Karin, dann die nonverbale Mitteilung von Karin, die nun in der Rolle der Senderin ist. Wie vermuten Sie, wird Lisa die nonverbale Mitteilung Karins interpretieren und ihrerseits erneut senden? Da gerät ganz einfach alles in Schieflage, finden Sie nicht?

POSITIVE SIGNALE SETZEN

Besser wäre es für Lisa und Karin, aber auch für alle, die an der Konferenz teilnehmen, Lisa würde ihre Mitteilung aufschlüsseln. Karin müsste nicht interpretieren, es würden keine negativen, sondern positive Energien entstehen, die in die Sachdiskussion und in die gelingende Zusammenarbeit münden. Schauen wir uns an, wie eine solche Interaktion aussehen könnte:

> Karin kommt zu spät zu einer Konferenz. Lisa, die Konferenzleiterin, sieht auf die Uhr, schlüsselt auf und sagt: »Es ist 14.30 Uhr. Wir haben zwei Stunden zur Verfügung, um zu Ergebnissen zu kommen. Seien Sie künftig bitte pünktlich, damit wir keine Zeit verlieren.«

Lisas Mitteilung:

- Sachinhalt: Es ist 14.30 Uhr.
- Selbstoffenbarung: Ich möchte pünktlich beginnen.
- Beziehung: Wir erzielen bessere Ergebnisse, wenn wir uns an die vereinbarte Uhrzeit halten.
- Appell: Seien Sie in Zukunft bitte pünktlich.

Karins Übersetzung:

- Sachinhalt: Es ist 14.30 Uhr.
- Selbstoffenbarung: Ich lege Wert auf Pünktlichkeit.
- Beziehung: Wir sind ein Team und wollen Ergebnisse erzielen.
- Appell: Kommen Sie bitte pünktlich.

Das Gesagte wird gehört und löst bei Karin vier Seiten aus:

- Sachinhalt: Es ist 14.30 Uhr.
- Selbstoffenbarung: Ich verstehe Ihren Ärger.
- Beziehung: Ich bin ein Teil des Teams und wir wollen Ergebnisse erzielen.
- Appell: Ich werde künftig pünktlich sein.

Dieses Beispiel zeigt, dass die Probleme, die Frauen mit der weiblichen Konkurrenz haben, im Grunde die Beziehung der Frauen zueinander betreffen. Sie verbessern Ihre Interaktion mit anderen Frauen, wenn Sie klar und aufgeschlüsselt in die Kommunikation eintreten, wenn Sie also Konkurrenz zulassen statt sie zu verweigern. Und noch etwas: Frauen in Führungspositionen müssen sich keineswegs männliche Verhaltensweisen aneignen. Im Gegenteil: Frauen erwarten von Frauen etwas anderes. Es gelingt Ihnen besser, mit nachgeordneten Frauen zu arbeiten, wenn Sie nicht mit männlich rauen Worten die coole Chefin rauskehren. Sie müssen nicht Ihre Position zurücknehmen, damit die andere nicht bockig reagiert. Tun Sie es, triumphiert die andere – und Sie untergraben Ihre eigene Autorität! Sie müssen lediglich gut führen. Das hat nichts mit Machtdemonstration zu tun, jedoch viel mit Vertrauen und mit Verantwortung!

Umgekehrt gilt: Wenn Sie eine Frau als Chefin haben, braucht es Sie nicht ärgern, wenn frau Ihnen Anweisungen erteilt. Es ist völlig normal, dass die Chefin sagt, wo es langgeht. Übrigens: Es klappt besser, wenn Sie nicht automatisch und immer das letzte Wort beanspruchen, bloß weil Sie Probleme damit haben, dass frau Ihre Chefin ist. Kennen Sie das: Ihre Chefin mahnt etwas an, das Sie erledigen sollten. Sie fühlen sich ungerecht behandelt und reagieren ihr gegenüber laut und heftig. Erstens ist das völlig unangemessen und zweitens haben Sie das nicht nötig! Arbeit ist Arbeit und Chefin ist Chefin. Überprüfen Sie lieber Ihren Arbeitsstil und bitten Sie gegebenenfalls Ihre Chefin um ein klärendes Gespräch. Bedenken Sie dabei, dass ein Gespräch nicht nur aus Sprechen besteht, sondern immer aus Sprechen, Zuhören und Abwägen.

Tipp

Checkliste Kommunikation

- ist, was frau in sie hineinlegt;
- ist nicht frei von Emotionen;
- unterliegt Kreisschlüssen;
- kann Wirklichkeiten belassen oder wegnehmen;
- kann Gutes, aber auch Schlechtes bewirken;
- ist nichts, was frau nicht trainieren könnte.

Teufelskreis »Krabbenkorb«

Frauen, die Konkurrenz zulassen, entwickeln sich weiter. Sie stellen aber immer wieder fest, dass die anderen Frauen, mit denen sie arbeiten, sich nicht weiterentwickeln möchten – und frau dreht sich im Kreis. Es gilt unter Frauen das ungeschriebene Gesetz: In einem Krabbenkorb darf keine Krabbe den Korb verlassen. Kennen Sie das Prinzip eines Krabbenkorbs? Keine Krabbe lässt die andere hochkommen. Versucht sie es, wird sie von den anderen daran gehindert. Ein echter Krabbenkorb ist übrigens offen. Er benötigt keinen Deckel. Diese Funktion übernehmen die Frauen kraft ihres Naturells selbst. Das Spiel ist subtil: Herausragen und Anders- oder Besser-Sein der einen wird von den anderen sanktioniert.

Weshalb spielen Frauen dieses Spiel? Nicht aus lustvoller Freude am »Deckeln« der Kollegin, sondern wegen ihrer entwicklungsgeschichtlichen Rolle als Frau, die den Nachwuchs großzog und für die häusliche Gemeinschaft sorgte – da ist es eben eher unpassend, wenn eine aus der Gruppe herausragt oder aussteigt. Es waren übrigens die patriarchalischen Strukturen, die diese »Gleichschaltung« verfügten. Es hat allerdings mehrere tausend Jahre gedauert, bis frau derart unterworfen war, weshalb sie heutzutage durchaus den Drang verspürt, aus der Gruppe auszusteigen – vor allem, wenn sie anders oder besser ist. Diese instinktive Unterscheidung der Frauen zwischen »ich« und »die anderen« ist also kein weiblicher Denkfehler, sondern Teil ihres urhistorischen Erfahrungsschatzes. Das birgt Zoff in sich, ähnlich der Hackordnung im Hühnerhof. Vergessen Sie aber nicht: Zum Hühnerhof gehört auch der Hahn. Wollen Sie sich etwa um des Hahnes willen, der in Ihrem Team gar nicht vorhanden ist, mit anderen Frauen streiten? Wohl eher nicht. Die Formel lautet daher so: Wir sind verschieden – und wir arbeiten miteinander. Alles andere ist falsch verstandene weibliche Konkurrenz. Sie wird aber täglich praktiziert.

Katja stellt während einer Teambesprechung ihr Konzept vor. Sie hat viel Zeit in die Ausarbeitung gesteckt und brilliert jetzt unter Einsatz der multimedialen Technik. Am Ende ihres Vortrags sagt sie: »Das Konzept … ist aus den genannten Gründen in besonderem Maße geeignet, den … Markt zu erschließen. Weitere Studien sind nicht erforderlich. Ich danke für Ihre Aufmerksamkeit!« – und blickt in starre Mienen. Plötzlich sagt eine Kollegin: »Das kann ich mir so auf gar keinen Fall vorstellen. Sorry, bitte noch einmal zurück zu …!« Sie steht auf, geht zu Katja, bedient deren Laptop und legt los: »Ich finde … Kollege XY aus der Vertriebsabteilung sieht das übrigens auch so!«

Sie finden das überhaupt nicht gut? Sie sind nicht bloß überrascht, sondern fühlen sich obendrein überrumpelt? Während Ihre Kollegin ungeniert weiterspricht, sehen Sie bereits Ihre Felle wegschwimmen? Sie möchten reagieren, stecken aber geistig mit Ihren Schuhen im

Lehm und kommen nicht von der Stelle? Statt das Wort zu ergreifen, rekapitulieren Sie vor Ihrem geistigen Auge die vergangenen Tage und Nächte, die Sie aufgewendet haben, um Ihr erstklassiges Konzept zu erstellen. Sie haben alles bedacht, jede Alternative auf ihren Gehalt überprüft und aus guten Gründen verworfen. Doch jetzt schweigen Sie, statt zu argumentieren. Ihr Verhalten ist verständlich, doch nicht sehr konkurrent. Sie möchten sich die Butter nicht vom Brot nehmen lassen? Dann beziehen Sie Position – und zwar sofort: »Ich finde den Kollegen XY sehr nett. Apropos Konzept: Ich weise darauf hin, dass ... erstens ... zweitens ... drittens ...!« Sie haben ganz bestimmt mehr davon, wenn Sie sich auf Ihre Funktion besinnen, statt sich von Ihrer Kollegin zur Seite schieben zu lassen. Weshalb geschieht es immer wieder, dass Frauen Schwierigkeiten haben, ihre Funktion gezielt zu nutzen? Ein Mann käme erst gar nicht auf die Idee, seine Funktion zu übersehen. Warum das so ist, wollen wir als nächstes untersuchen. Vorher aber noch ein letztes Wort zu den Auswirkungen der Urgeschichte:

Lassen Sie sich nicht an den Rand drängen!

Der »Krabbenkorb« bereitet Ihnen Unbehagen? Er verhagelt Ihnen Ihre gute Laune? Er raubt Ihnen die Motivation? Das braucht Sie nicht zu irritieren. Sie brauchen sich von Ihrer Kollegin auch nicht mit Hilfe des Pappkameraden Mann herunterziehen zu lassen. Was übrigens häufig geschieht. Sie sollten aber wissen: Der »Krabbenkorb« spiegelt die Konflikte, die Frauen im Umgang mit Abgrenzungen, Interessen und Anders-sein-Bedürfnissen anderer Frauen haben. Diese Konflikte sind ganz natürlich. Sie treten umso heftiger zutage, je individueller die einzelnen Frauen, mit denen Sie arbeiten, sind. Das ist aber nichts Besonderes. Es ist wie in der Mode: Es gibt nicht eine Mode, sondern jede trägt, was zu ihr passt. Das heißt: Es gibt nicht die Frau, sondern es gibt Frauen mit unterschiedlichen Wünschen, Möglichkeiten und Fähigkeiten. Das ist für frau nicht leicht zu erfassen. Denn es gab einmal die »Gleichschaltung«. Wenn

Sie Probleme damit haben, lassen Sie sich ganz einfach nicht »deckeln«. Denken Sie daran: Ein Krabbenkorb hat keinen Deckel! Besinnen Sie sich auf Ihre Funktion!

Männer denken in **Funktionen, Frauen** in **Personen**

Männer klopfen Hierarchien fest. Das ist eben ihr entwicklungsgeschichtlicher Hintergrund. Ist erst einmal klar, wer der Chef im Team ist, wird nicht mehr um den ersten Platz gerauft. Was ja auch Sinn macht. Schließlich wollen sie wilde Tiere stellen. Nur der Beste ist geeignet zu bestimmen, wo es langgeht, um die Mammuts tatsächlich zu erlegen. Also: Der Chef spricht – der Rest ordnet sich unter, wobei die Reihenfolge wieder hierarchisch ist. Männer haben deshalb auch weniger Probleme, Ranking in der Arbeitswelt als einen völlig normalen Vorgang zu betrachten. Deshalb starten sie auch jede Initiative erst mal mit einem allgemeinen Blabla und nicht mit der Sachfrage. Wenn Frauen genauer hinhören, werden sie feststellen, dass das Blabla der Männer keineswegs allgemeines Geplänkel ist. Blabla klärt die Machtfrage und ordnet Funktionen zu. Danach kann die eigentliche Arbeit beginnen.

EIN UNGEWOHNTER ZUGANG

Frauen denken in Personen und an die Aufgabe, die sie gerne gemeinsam lösen. Das wurde ihnen über Jahrtausende hinweg so vermittelt. Die Gemeinschaftspflege lief über die Gemeinsamkeit. Frauen pflegen daher einen völlig anderen, persönlicheren Arbeitsstil als Männer. Sie sprechen fürsorglicher und moderieren mehr statt sich zu profilieren. Dahinter verbirgt sich das Bedürfnis von Frauen, gemocht zu werden und andere Frauen zu mögen. Einander zu mögen entwickelt sich über so persönliche Faktoren wie Verständnis, Unterstützung, Freundlichkeit, Höflichkeit. Die Arbeitswelt funktioniert aber nicht nach diesem Prinzip.

Es gibt zwar Ausnahmen – das sind zum Beispiel einige Berufe in der Medienbranche, in denen tatsächlich mehr moderiert wird. Doch auch diese Jobs laufen nur über den Weg der Profilierung. Jobs laufen grundsätzlich über die Profilierung, die in Funktionen mündet. Es ist daher ein Fehler, wenn Sie stärker in Personen und weniger in Funktionen denken. Sollten Sie das tun, dann bedenken Sie: Sie werden unter Ihrem Wert gehandelt, Sie übersehen Grenzen oder hebeln sogar Ihre eigene Funktion selbst aus. Das ist bestimmt nicht der richtige Weg, um gut miteinander zu arbeiten. Im Folgenden betrachten wir an drei weiteren Beispielen, wie Sie Ihr Denken und Verhalten besser auf Funktionen ausrichten.

Opfern Sie Ihre Funktion nicht für Beliebtheit

Sybille hält mit ihren Talenten hinter dem Berg. Sie möchte sich gegenüber den anderen Frauen nicht hervortun. Deshalb profiliert sie sich nicht. Andererseits langweilen sie bei den Teambesprechungen die Gespräche, die sich mehr um die Aktivitäten als um die Inhalte drehen. Sie möchte aber nicht auftrumpfen, deshalb sagt sie lieber gar nichts, sondern bietet an, das Protokoll zu schreiben. Früher oder später stellt sich bei ihr der Eindruck ein: »Die anderen sind froh, eine Doofe gefunden zu haben.«

Sybille hat übersehen, dass die Funktion, Protokolle zu schreiben, mit der Aufgabenstellung einer Sekretärin assoziiert wird. Da sie nie etwas sagt, können die anderen auch gar nicht auf die Idee kommen, dass sie etwas zu sagen hätte. Und weil sie die Protokolle gut schreibt, kann sie sie gleich immer schreiben. Sie ist eben hilfsbereit. Sybille hat sich mit ihrer falsch verstandenen Höflichkeit selbst sabotiert. Sie brauchen aber keine Protokolle zu schreiben. Wechseln Sie stattdessen Ihre Perspektive: Stellen Sie nicht die Gefühle der anderen in den Vordergrund, die Sie nicht verletzen möchten, sondern nutzen Sie die Funktion, die Sie ausfüllen. Betreiben Sie dosiert zu ausgewählten Anlässen Eigenmarketing und glänzen Sie mit funktionalen Ideen statt zu versauern. Sie brauchen dabei nicht aufzutrumpfen. Verbal richtig präsent zu sein genügt. Fangen Sie an: »Sorry: Ich habe derzeit viel um die Ohren ... Wer schreibt heute das Protokoll?«

Laura ist schnell und fleißig. Sie reißt selbst die Arbeiten von Kolleginnen an sich, für die sie gar nicht zuständig ist. Dabei macht sie auch vor ihrer Chefin nicht halt. Selbstverständlich kocht sie auch für alle den Kaffee, weil sie eben alle so nett sind. Für ihr Engagement erwartet sie ein anerkennendes Wort. Doch das bleibt nicht nur aus, die Kolleginnen ziehen sich zunehmend zurück. Allerdings nicht, ohne Lauras Aktivitäten abwertend zu kommentieren. Ernüchtert stellt sie fest: »Gedankt wird einem der Einsatz nicht, darauf braucht man nicht zu warten.« Ihr Einsatz wird ihr nicht nur nicht gedankt, die anderen sehen in Laura schnell die Kollegin, die sich auf ihre Kosten hervortun will. Und die Chefin ist ziemlich sauer, weil Laura in ihr eine Partnerin und nicht ihre Chefin sieht.

Was wollte ich – was habe ich erreicht? Für diese Frage gibt es Anlass genug, wenn es Ihnen wie Laura geht. Dass alle so nett sind, ist nicht der passende Grund, um zu übersehen, dass es nicht nur verschiedene Funktionen gibt, sondern Funktionen auch von verschiedenen Personen wahrzunehmen sind. Verbringen Sie also nicht Ihre Zeit damit, Ihren Kolleginnen und Ihrer Chefin ungebeten zur Seite zu springen, sondern bitten Sie Ihre Chefin um ein Gespräch und finden Sie heraus, ob es für Sie die Möglichkeit gibt, eine anspruchsvollere Funktion zu übernehmen, wenn Sie sich nicht ausgelastet fühlen. Wenn nicht, dann lenken Sie Ihre überschüssige Energie in Ihre Freizeit und suchen Sie sich ein Hobby, das Sie herausfordert.

Lena möchte nicht unhöflich oder herrisch auftreten. Es gibt aber immer wieder lästige Situationen, in denen ein Machtwort fällig ist. Lena wählt leider oft die falsche Ansprache – nämlich gar keine. Fehler Nummer Eins: Sie will nicht die Chefin rauskehren. Und Fehler Nummer Zwei: Sie möchte ihren Mitarbeiterinnen ihre Versäumnisse nicht direkt unter die Nase reiben. Also sagt sie beiläufig und im Vorübergehen: »Der Toner könnte auch mal wieder ausgetauscht werden!« Keine fühlt sich angesprochen. Wie denn auch, sie hat ja auch keine benannt. Nach zwei Wochen benötigt sie die Kopien eines Formulars. Nichts geht, weil der Toner endgültig leer ist. Es liegt auch kein Ersatztoner bereit, er hätte nachbestellt werden müssen. Lena schluckt ihren Ärger herunter und bestellt den Toner selbst.

Was glauben Sie, wie das bei den anderen ankommt? Sie kriegen Oberwasser, weil sie bei Ihnen nicht mehr in der Funktion »Chefin« denken, sondern in der Person »schwache Führungspersönlichkeit« – und Sie bestellen in hundert Jahren noch den Toner selbst.

Sie brauchen sich nicht zu ärgern. Sie müssen bloß erkennen, dass Funktionen festzulegen und auszufüllen sind. Und zwar die eigenen und die der anderen. Das geht ganz einfach: »Susanne, der Toner ist fast leer. Bestellen Sie bitte heute noch einen neuen und tauschen Sie den alten aus.« Susanne fühlt sich übrigens nicht auf die Füße getreten. Ihre Mitarbeiterinnen erwarten von Ihnen kein kameradschaftliches Verhalten, sondern Führung. Es ist aber nichts Außergewöhnliches, dass gerade Frauen in Führungspositionen über solche Kleinigkeiten stolpern. »Ich will nicht als etwas Besseres erscheinen«, lautet häufig die Begründung für solche groben Führungsfehler. Sie brauchen sich nicht dafür zu entschuldigen, dass Sie die Chefin sind!

Neid als Konkurrenz**auslöser**

Frauen, die es geschafft haben oder es schaffen möchten, denken aber durchaus in Funktionen. Die Frage lautet: Über welches Wissen sollte ich verfügen, um diese oder jene Funktion zu erhalten? Das bringt Leistung ins Spiel. Wenn andere auf die Piste gehen, sitzen Sie am Schreibtisch? Während jene acht Stunden arbeiten, werden es bei Ihnen mindestens zwölf oder vielleicht auch mal fünfzehn? Dann haben Sie es geschafft. Frauen sitzen heute nahezu auf allen Stühlen. In dem Augenblick, in dem Sie es geschafft haben, liegt die Konkurrenz jedoch nicht hinter Ihnen. Jetzt fängt alles erst richtig an. Sie stellen überrascht fest, dass sich nicht nur keine Frau wirklich mit Ihnen freut, sondern Sie spüren feindselige Ablehnung. Sätze wie: »Warte mal ab, wieviel Ärger dir das nur einbringt« oder »Du wirst schon sehen, was du davon hast«, sind noch die harmlosesten Sprüche, die auf Sie niederprasseln. Auch Äußerungen, die sich gegen Sie als Frau richten und hinter ihrem Rücken fallen, sind nichts Ungewöhnliches: »Ein bisschen arg rot – der Mund, findet ihr nicht?« Oder: »Die kann auch nicht mehr als wir. Die macht sich halt nur n'en Schlitz ins Kleid!« Nehmen Sie es, wie es ist: Sexistische Anspielungen dienen der Abwertung Ihrer Kompetenz. Wussten Sie übrigens, dass anzüglich formulierte sexuelle Phantasien bei mann seinen Glorienschein noch goldener blinken lässt, als er ohnehin schon glänzt? In den beiden vorhergehenden Kapiteln haben wir eine Erklärung dafür gefunden, weshalb das alles so ist. Fassen wir zusammen:

Frauen denken entwicklungsgeschichtlich in der Struktur des Krabbenkorbs, der die Gleichheit vorgibt. Sobald eine die Ebene der Gleichheit verlässt, was sie ja automatisch tut, wenn sie eine höhere Funktion einnimmt, geraten Frauen in diese Spirale der Feindseligkeit hinein, obwohl keine der Frauen das wirklich möchte. Denn dann funktioniert wie ferngesteuert das alte Spiel: »Spieglein, Spieglein an der Wand ...?« Jene tief verwurzelte Rivalität wird meistens nicht offen, sondern indirekt ausgefochten. Denn Frauen haben die schöne alte Moral des »Nicht-Verletzen-Wollens« mindestens ebenso verinnerlicht. Und schließlich: Sie kämpften ja nicht um die beste Idee, sondern um den besten Mann. Das fördert die verdeckte Feindseligkeit, obwohl sie überhaupt nicht angebracht ist. Das hindert frau übrigens auch daran, Klartext zu reden, wo es angebracht ist. Und: Frauen, die es geschafft haben, den Krabbenkorb zu verlassen, ziehen unwillkürlich den Neid der anderen auf sich. Das gilt auch für Sie, selbst wenn weder Sie diese Gefühle bei den anderen auslösen, noch die anderen solche Gefühle für Sie empfinden möchten. Trotzdem: Frauen verspüren Rivalität und Neid.

Wurzeln weiblicher Rivalität

Sie halten den Neid der anderen für ein Naturgesetz, das Sie emotional belastet? So zu empfinden, ist ein gewaltiger Fehler. Denn der Neid der anderen, mit dem Sie sich herumschlagen, frisst Ihre Energie, die Sie für wichtigere Dinge brauchen. Sie müssen nicht darüber verzweifeln. Es gibt eine bessere Möglichkeit, mit Neidgefühlen umzugehen. Lernen Sie verstehen, was Neid ist und weshalb Neid entsteht – und gehen Sie konstruktiv damit um!

ERFOLG WIRD BENEIDET, NICHT ANERKANNT

Betrachten Sie die Medaille Neid einmal aus Ihrer Perspektive: Werden Sie beneidet, geht es Ihnen offensichtlich gut! Neid ist immer die andere Seite derselben Medaille. Konkurrenz ruft Neid hervor. Neid befällt Frauen ungleich häufiger als Männer. Neid kommt wie ein Fieberanfall und wirkt wie ein Gift. Das liegt daran, dass Neid aus dem Gefühl entspringt, unterlegen zu sein. Die vermeintlich Unterlegene bringt also ihr eigenes Selbstwertgefühl mit Ihrem Erfolg in Verbindung – und das ist im Angesicht Ihres Erfolges nicht so groß, wie es sein könnte. Zu sehen, dass Sie Erfolg haben, bedeutet: Sie haben es geschafft – sie nicht. Frauen, die Neid empfinden, bewerten die sachliche Leistung anderer Frauen als persönliche Zurücksetzung und legen sie auch so aus. Im besten Fall als Folge unverdienten Glücks. Häufiger noch als Folge unlauterer Machenschaften. Neid erregt die Emotionen derart, dass sie den Blick auf die Tatsachen verstellen. Aus diesem Eindruck heraus reagieren die von Neid befallenen Frauen feindlich. Sie haben mit Ihrem Erfolg die Ebene der Gemeinsamkeit verlassen. Dafür werden Sie gemaßregelt. Die vermeintlich Unterlegenen versuchen, die Verbindung mit Ihnen wiederherzustellen, indem sie mit Ihnen kommunizieren. Da sie nicht zu Ihnen hinaufsteigen können, ziehen sie Sie zu sich hinab. Das ist nichts Ungewöhnliches. Das ist vor allen Dingen nichts, was Sie zu verletzen braucht.

Da das Gefühl, von anderen Frauen verletzt worden zu sein, aber ebenso wie Neid eine weibliche Eigenschaft derselben Medaille ist, empfinden nicht nur die einen Frauen Neid, sondern die anderen Frauen diese missliche Katerstimmung. Es gibt übrigens Frauen, die großen Erfolg haben und sich trotzdem ihre positive Einstellung zu anderen Frauen bewahren. Sie lassen sich von dem Neid der anderen, der nicht bösartig, sondern immer menschlich und natürlich ist, nicht herunterziehen. Ob Sie sich davon herunterziehen lassen,

Tipp

Checkliste: Neid ist menschlich

- Neid ist nichts Bösartiges, sondern menschlich und natürlich.
- Neid ist kein Gift – es wirkt lediglich wie ein Gift, wenn wir das zulassen.
- Neid ergibt sich aus dem Vergleich zwischen mindestens zwei Menschen. Menschen, die nicht neidisch sind, vergleichen sich nur mit ihrer eigenen Leistung, also nur mit sich selbst.
- Neid spiegelt die vermeintliche Unterlegenheit von Menschen wider, die ein schwaches Selbstwertgefühl haben. Bekämpfen Sie diesen Neid nicht.
- Betrachten Sie Ihren Erfolg als etwas, das nicht nur von Ihren Talenten und Ihrer Leistung abhängt. Erfolg bedarf immer auch weiterer Faktoren, die Sie selbst nicht beeinflussen können. Sie brauchen sich für Ihren Erfolg, der Ihr Glück ist, nicht zu entschuldigen.
- Gefühle wie Neid lassen sich nicht verdrängen. Aber Sie können Neid kompensieren, indem Sie sich auf die Einzigartigkeit konzentrieren, die jeder Mensch hat. Auch die Frauen, die neidisch auf Sie sind, haben Ihre ganz besonderen Fähigkeiten. Lernen Sie, diese Fähigkeiten zu entdecken. Loben Sie. Wenn Sie Kritik üben, kritisieren Sie die Fehler, nicht den Menschen. Alle Menschen sind wertvoll und einzigartig!

hängt ganz allein von Ihnen selbst ab. Sie müssen sich nicht damit herumschlagen, aber Sie können sich damit auseinander setzen. Und das sollten Sie auch tun, denn Sie können sich in der Arbeitswelt die Menschen, mit denen Sie arbeiten, nicht aussuchen. Neid resultiert immer aus einem Gefühl der Schwäche. Vergeben Sie den anderen ihre Schwächen und setzen Sie in der Zusammenarbeit auf ihre Stärken.

Indirekte Machtstrategien von Frauen gegen Frauen

Frauen tabuisieren Stärke und Kompetenz anderer Frauen sowie Konkurrenz untereinander. Das macht das Phänomen Konkurrenz unter Frauen so schwierig, weil sie unausgesprochen bleibt. Gelingt es, diesen tabuisierten Code zu knacken, können die Kompetenzen aller in Synergien fließen. Gelingt das aber nicht, kann falsch verstandene Konkurrenz in einen offenen Machtkampf münden. Ein Machtkampf endet für Männer schlimmstenfalls mit Verlust oder Niederlage. Für Frauen kommt ein verlorener Machtkampf der Vernichtung gleich. Frauen fühlen sich verletzt, was ja auch Sinn macht, da für Frauen Beziehung, Geltung und Anerkennung einen hohen Wert darstellen. Sie bemühen sich daher eher um Konsens, statt offene Machtkämpfe auszutragen. Konsens geht zu Lasten der realen Kompetenzen und Funktionen, die verschiedene Frauen aber immer haben oder ausfüllen werden. Funktionale Macht, das hat uns der Abschnitt über das Denken der Frauen gezeigt, wird im Zuge von Konsens oft gar nicht wahrgenommen, sondern unterlaufen oder bekämpft. Aber nicht offen, sondern indirekt und verdeckt. Zu den verdeckten Strategien, mit denen Frauen andere Frauen im Zaum halten, zählen Phänomene wie

- bemuttern
- indirekte Bewertungen
- prosoziale Dominanz.

Frauen tun das nicht bewusst. Damit hindern sie andere Frauen aber daran, ihre Möglichkeiten zu entfalten. Was viele Frauen nicht wissen: Auch diese Verhaltensweisen entspringen der urgeschichtlichen Prägung der Frau und sind ein Teil der Mechanik des Krabbenkorbs. Viele Frauen durchschauen diese Phänomene als solche nicht. Andere wissen nicht, wie sie sich dagegen wehren können. Wenn Sie mit solchen indirekten Machtstrategien konfrontiert sind, sollten Sie sich aktiv damit auseinander setzen. Wie Sie das tun, hängt ganz davon ab, auf welche Weise Sie anderen Frauen entgegentreten und wie Sie mit ihnen umgehen. Im Folgenden wollen wir uns an ausgewählten Beispielen ansehen, wie Sie sich behaupten können, ohne die andere zu verletzen.

MÜTTER UND TÖCHTER

Ist eine Frau nett, hilfsbereit, ruhig und hat sie ein angenehmes Wesen, so wirkt sie nicht unbedingt wie eine, der man zutraut, sich durchzusetzen. Sie sieht ja so nett und niedlich aus. Solche Frauen rufen automatisch in anderen Frauen den Wunsch hervor, sie zu beschützen oder zu fördern. Eine Konstellation, die geradezu klassisch ist: Töchter treffen am Arbeitsplatz auf Mütter. Wenn Sie zu den Frauen zählen, denen dies widerfährt, haben Sie ein gravierendes Problem: Sie sind zu nett! Das ist an sich eine sympathische Eigenschaft. Welche Mutter wünschte sich im wahren Leben nicht eine nette, begabte Tochter? Im Leben wohlgemerkt. Sie aber wollen arbeiten.

Petra leidet täglich unter dem fürsorglichen Mutterverhalten einer Kollegin, die es sich zur Aufgabe gemacht hat, Petra zu umhegen und sie fördernd zu unterstützen. Ihre anfängliche Frustration steigert sich zunehmend in eine handfeste Verärgerung. Schließlich gibt eine ältere Kollegin ihr den Rat: »Nehmen Sie das nicht persönlich! Mütter sind auch bloß Menschen. Jede gute Tochter geht irgendwann aus dem Haus.« Dieser Vergleich ist der Schlüssel, um mit dieser Situation, die für beide Seiten emotional belastend ist, angemessen umzugehen.

Nehmen Sie bewusst innerlich Abschied von dieser Frau, die nicht Ihre Mutter ist. Sie allein haben die Kraft, um diese Verbindung zu lösen, in die Sie hineingezogen worden sind. Das geht zwar nicht ohne emotionale Blessuren einher, denn die Auseinandersetzungen, die oft entlang der Schiene Akzeptanz – Nicht-Akzeptanz sehr willkürlich verlaufen, werden meistens aggressiv ausgefochten. Doch mit der Zeit wird sich die notwendige Distanz, die Ihr beiderseitiges Verhältnis ordnet, von selbst einstellen. Ziehen Sie sich von dieser Frau zurück. Nehmen Sie die spontanen Äußerungen, die Sie aufgrund Ihres Entschlusses, einen Punkt zu setzen, treffen sollen, nicht persönlich. Mütter wollen fördern. Es ist in ihrem Repertoire nicht vorgesehen, dass Töchter ohne ihre Hilfe gut sind. Mütter gehen auch nicht davon aus, dass das »Naturereignis Mutterschaft« auflösbar ist. Rufen Sie sich immer wieder ins Gedächtnis, dass Mütter es gut meinen, dabei aber Fehler machen. Vor allem dann, wenn Sie unter der von Müttern oft emotional vorgetragenen Spontaneität leiden: »Sie will mich klein halten!« oder »Sie will nicht loslassen!« Nein, beides trifft nicht zu. Sie ist nur verletzt, weil Sie ihre Hilfe ablehnen, und ringt um ihr inneres Gleichgewicht. Fehler zu machen ist menschlich. Werten Sie ihre Äußerungen nicht als Racheakt. Bleiben Sie gelassen. Weisen Sie die Anschuldigung, undankbar zu sein, zurück.

Gehen Sie auf Distanz

Sehen Sie sich zeitgleich mit dem inneren Abschied nicht nach einer neuen »bilateralen« Beziehung um, sondern nach einer Aufgabe, die Sie herausfordert. Pflegen Sie professionelle Kontakte zu allen Frauen. Lernen Sie aus dieser Erfahrung, dass zwischenmenschliche Beziehungen sensibel sind und dass nett zu sein Sie nicht daran hindert, Ansprüche mütterlicher Frauen an Sie zurückzuweisen. Mütterliche Ansprüche von Frauen an andere Frauen als ihre vermeintlichen Töchter sind kein Naturereignis. Sie sind nichts Schicksalhaftes. Vertrauen Sie ganz auf die Kraft in sich selbst. Lassen Sie sich nicht in den Krabbenkorb zurückziehen.

WIE SAG ICH'S IHR?

Manche Frauen sind Frauen ganz einfach nicht sympathisch. Das ist auch gar nicht notwendig. Sie müssen sich ja nicht mögen; sie sollen nur miteinander arbeiten. Die Umstände haben Sie in ein gemeinsames Büro geführt, in dem Sie nun zusammensitzen. Das aber ist der Knackpunkt. Sie suchen sich Ihre Freunde selbst aus; Ihre Kolleginnen werden Ihnen zugeteilt. Das schafft Reibungspunkte. Es ist nichts Besonderes, sondern ganz natürlich, dass bestimmte Frauen Sie wegen Ihres persönlichen Stils, Ihrer Ausdrucksweise, Ihrer Vorlieben oder anderer Eigenschaften nicht mögen. Solche Ablehnungen können jede Frau treffen – denn sie sind subjektiv. Sie setzen allerdings die Persönlichkeit eines Menschen so herab, dass manchen Frauen darüber buchstäblich das Wort im Halse stecken bleibt.

Sybille verschlägt es die Sprache, als ihr kurz und knapp um die Ohren fliegt: »Wer lacht, kann nicht gut arbeiten.« Oder: »Na ja, gepflegte Hände haben Sie ja«, tönt es ein anderes Mal. Und gleich folgt im Stile eines Kommandotons männlicher Generäle: »So ein Schwachsinn! Das können Sie alles noch mal machen!« Das Stimmungsbarometer signalisiert Sinkflug. Sybille lacht seitdem nicht mehr. Und die anderen auch nicht, sobald ihre Chefin in Sichtweite ist.

Das ist bestimmt nicht die richtige Art, um mit abfälligen Bemerkungen umzugehen, die nichts mit der Arbeit zu tun haben. Schlucken Sie Ihren Ärger nicht herunter. Ballen Sie auch nicht die Faust in der Tasche. Zählen Sie lieber im Stillen bis zehn. Berühren Sie mit dem mittleren Finger Ihrer rechten Hand die Kuppe Ihres Daumens und denken Sie sich: »Ich bin hier die Wichtigste!« Dann sagen Sie laut, aber ruhig und gelassen: »Was kann ich für Sie tun, Frau ...? Geht es Ihnen nicht gut?«

AUS LEIDENSCHAFT AM SOZIALEN

Sie reiben sich die Augen, können kaum glauben, was Sie erkennen – und doch ist es wahr: Frauen halten andere Frauen im Zaum aus Leidenschaft am Sozialen. Dahinter verbirgt sich eiskaltes Machtkalkül? Nein, tut es nicht. Frauen sind kraft ihres Naturells soziale Wesen. Das ist an sich nichts Schlechtes. Im Gegenteil: Für andere zu sorgen, sozialverträglich zu handeln, für die Probleme von Frauen offen zu sein, ist eine lobenswerte Einstellung. Dennoch: Es geschieht tagtäglich in den Büros, dass Frauen prosozial dominant auftreten. Mit liebenswerten Umgangsformen hat das nicht viel zu tun. Problematisch wird es, wenn sich mehrere Frauen auf dieser Schiene zusammenschließen.

Frauke fühlt sich wie gelähmt. Sie ist hochmotiviert als Quereinsteigerin in die Vertriebsabteilung eines Medienkonzerns gekommen, in der drei gleichaltrige Frauen seit einiger Zeit für frischen Wind sorgen. Frauke sollte die Vierte werden. Das Spiel, das sie dort kennen lernt, aber heißt: Drei gegen Eine. Die anderen Frauen, ausgestattet mit Ellenbogen und mit Haaren auf den Zähnen, suggerieren Frauke anfangs Solidarität und soziale Verbundenheit; tatsächlich aber verteidigen sie ihre schwer erworbene Position und ihre Macht mit allen Mitteln. Frauke: »Sie lassen mich nicht in ihre innere Struktur hinein.« Frauke ist enttäuscht: »Auf den ersten Blick funktioniert die Zusammenarbeit, aber das Geklüngel der anderen, die mir immerfort und ungefragt gute Ratschläge erteilen oder mit dem Verweis auf eine goldene Regel Bedenken und Verbote nahe legen, hat mich um eine Erfahrung reicher gemacht. Ich fühle mich eingeengt. Ich kann meine Fähigkeiten nicht entfalten!«

Wollen Sie Ihre Kraft, die Sie in Projekte gesteckt haben, einfach so ad acta legen? Es gibt bessere Möglichkeiten. Brechen Sie den Innen-Kreis von Frauen auf, der Sie außen vor lässt. Nehmen Sie sich jede Frau einzeln vor. Geben Sie ihr das Gefühl, dass sie wichtig ist. Loben Sie sie. Bringen Sie ihr Achtung und Anerkennung entgegen. Und ziehen Sie Projekte an Land, die die anderen ohne Sie nicht erhalten würden.

Grenzen setzen, ohne zu **verletzen**

Sie brauchen nicht zu verzweifeln, wenn Sie mit Frauen in schwierige Arbeitsbeziehungen hineingeraten. Sie sollten immer daran denken, um wessen Problem es sich handelt – nicht um Ihres! Egal, was los ist: Sie sind nicht persönlich gemeint. Das erleichtert es Ihnen, in schwierigen Situationen nicht emotional zu reagieren. Bleiben Sie ruhig. Analysieren Sie erst das Problem und entpersonalisieren sie es. Die Psychologie der Frau, die Sie sich einprägsam in dem Bild des Krabbenkorbs visualisieren können, erleichtert Ihnen zu verstehen, weshalb Sie und andere Frauen sich so verhalten. Wenn Sie verstehen, dass Ihre Empfindungen sowie die vielen Verläufe, die Sie auf die Palme bringen, nichts anderes sind als die Anhäufung eines riesigen Kulturbergs, auf dem wir alle stehen, fällt es Ihnen leicht, anderen ihre »falschen« Verhaltensweisen zu verzeihen. Und das sollten Sie auch tun. Sie können es.

Erlauben Sie sich ruhig Ihre Enttäuschung darüber, wenn frau wieder mal anders tickt, als Sie erwarten. Nehmen Sie Ihr eigenes Denken nicht zum Maßstab für die Motivation anderer. Jede Frau hat eigene Wünsche, Möglichkeiten und Fähigkeiten. Gemeinsam ist Frauen einzig das seit Jahrtausenden einprogrammierte weibliche Grundmodell. Diese Erkenntnis erleichtert es Ihnen Grenzen zu setzen – ohne zu verletzen. Respektieren Sie andere Frauen, werten Sie sie nicht; aber sagen Sie deutlich: »Mit mir nicht!« Treten Sie aus dem Teufelskreis des »Krabbenkorbs« heraus. Bekräftigen Sie Ihren Standpunkt: »Ich stimme nicht mit Ihnen überein. Mit diesem Schicksal müssen Sie fertig werden!«

Trennen Sie das Problem von der Person

Und noch etwas: Orientieren Sie Ihr Verhalten an den Besten. Es gibt sie – die erfolgreichen Frauen, die zeigen, dass Frauen und Konkurrenz nichts ist, was nicht zusammenpassen könnte. Nehmen Sie sich die Erfolgreichen zum Vorbild. Frauen, die es geschafft haben, füllen ihre Funktionen verantwortungsvoll aus, säen Vertrauen und ernten einen reich bestellten Acker.

Tipp

Suchen Sie Konsens nicht um jeden Preis!

- Weibliche »Spielchen« sind entwicklungsgeschichtliche Überbleibsel. Als »Feindattrappe« fungieren nicht die Außenumstände des Unternehmens, sondern andere Frauen des Teams. Irgendeine trägt immer dazu bei, dass eine andere sich nicht wohl fühlt.
- Ranking wird nicht durch Funktionen, sondern durch Rivalität festgelegt. Die Frage lautet: »Wer ist wem näher?« Oder: »Wer ist die Schönere, Beliebtere, Anerkanntere?«
- Frauen bewerten Frauen aus individuellen Bedürfnissen, Akzeptanzen oder Abneigungen.
- Frauen beantworten den Konformitätsdruck des »Krabbenkorbs« mit verstärkter Individualisierung.

Erkennen Sie diese Spielregeln und spielen Sie professionell. Suchen Sie Konsens nicht um jeden Preis. Wenn Sie die Chefin von Frauen sind, dann verhalten Sie sich auch wie eine Chefin:

- zeigen Sie Führungsstärke;
- argumentieren Sie mit Logik, nicht mit Intuition;
- geben Sie nicht nach, bloß um Konflikte zu vermeiden;
- lösen Sie die Konflikte nicht mit Einstimmigkeit oder Kuhhandel;
- betrachten Sie Kritik als nützlich, nicht als störend;
- nehmen Sie nichts persönlich.

Wenn Sie die Kollegin von Frauen sind, dann verhalten Sie sich auch wie eine Kollegin:

- verhalten Sie sich kollegial – nicht eifersüchtig oder ablehnend;
- sprechen Sie sachorientiert, nicht über Befindlichkeiten;
- beachten Sie Funktionen;
- stehen Sie zu Ihren persönlichen Stärken, aber übertrumpfen Sie nicht.

Kapitel 2

Mobbing unter Frauen – die Extremform

»Ich möchte nicht Opfer sein!«

Wenn man sich die Statistiken ansieht, dann bekommt man den Eindruck, dass die knallharte Konkurrenz unter Frauen im Job aus der Grauzone weiblicher Identitäten herausgetreten ist. Ist eine Frau auf einer Position angelangt, will sie sich diesen Erfolg unter keinen Umständen streitig machen lassen – schon gar nicht von anderen Frauen. Frauen gehen nicht nur nicht fair miteinander um, sondern sie ziehen alle Register, um die Konkurrentin aus dem Feld zu schlagen. Frauen führen Grabenkämpfe hinter den Kulissen. Wenn es sein muss, wird sogar gemobbt. Die weibliche Konkurrenz verläuft dann in extremen Bahnen. Wie Mobbing von frau zu frau aussehen kann, wollen wir uns in diesem Kapitel ansehen.

Unter dem Begriff Mobbing versteht man eine Art psychologische Kriegsführung am Arbeitsplatz, die über Konkurrenz, Neid, Tratsch und Intrigen weit hinausgeht. Hinter Mobbing verbirgt sich das systematische Fertigmachen eines Menschen. Seine Gesundheit und sein Selbstbild werden zur Disposition gestellt. Sowohl Ansehen als auch Arbeit können manipuliert und demontiert werden. Wenn Sie kein Opfer von Mobbingattacken werden möchten, sollten Sie unbedingt wissen, woran Sie Mobbing erkennen und wie Sie sich schützen können.

BEOBACHTEN SIE DAS VERHALTEN IHRER KOLLEGINNEN GENAU!

Sie müssen nicht allen und allem misstrauen, aber Sie sollten sofort die Notbremse ziehen, wenn

Praxis

- die Kolleginnen nicht mehr mit Ihnen, sondern über Sie sprechen;
- Sie ignoriert werden;
- Sie mit disqualifizierenden oder sinnlosen Aufgaben überhäuft werden;
- Gerüchte über Sie verbreitet werden;
- Ihre geistigen Fähigkeiten und körperlichen Merkmale lächerlich gemacht oder schlimmstenfalls pathologisiert werden.

Das kann mir nicht passieren – diesen Satz sollten Sie schnell vergessen. Richtig ist vielmehr, dass Mobbing jeden Tag über jeden Menschen, jeder Frau hereinbrechen kann wie ein eisiger Blizzard über Alaska. Sie stehen dann nicht bloß in der Kälte, es ist für Sie auch finstere Nacht, obwohl die Sonne hell am Himmel strahlt. Grundsätzlich kommt Mobbing in allen Branchen und in allen Berufen vor.

Die Spannweite der Opfer reicht von der Friseuse bis zur Direktorin. Jüngere Frauen werden häufiger schikaniert als ältere. Frauen sind ungleich prädestinierter, ein Opfer von weiblichen Mobbingattacken zu werden als Männer – vor allem in Arbeitsfeldern, in denen der intellektuelle Anspruch und das Karrierebewusstsein von Frauen sehr ausgeprägt sind. Aber nicht allein, was frau im Kopf hat, ist entscheidend, um sich gegen frau zu behaupten – die Ellenbogen einzusetzen ist nicht weniger wichtig. Viele Frauen tun es, obwohl gerade Frauen nachgesagt wird, dass sie selbst im erbittertsten Streit versuchen, einen Ausgleich herzustellen. Wenn Mobbing angesagt ist, gibt es keinen Ausgleich. Das Spiel der anderen heißt: Sieg um jeden Preis.

Frauen sind für Mobbing sehr anfällig

Die Zahl der Frauen in Konzernen, Verwaltung oder kleinen und mittleren Unternehmen, die von Frauen gemobbt werden, ist nicht genau bekannt. In den vergangenen Jahren ist die Zahl der Fälle insgesamt kontinuierlich gestiegen. Es gibt Schätzungen, wonach rund 1,6 Millionen Menschen Opfer des systematischen Psychoterrors am Arbeitsplatz geworden sind. Mobbing macht krank. Die vielen feindlichen Verhaltensweisen wirken sich schädlich auf die soziale, psychische und körperliche Gesundheit der Betroffenen aus. Die Bandbreite der möglichen Folgen reichen von Leistungs- und Denkblockaden über Depressionen, Schlafstörungen und Magen-Darm-Beschwerden bis hin zu schweren Erkrankungen wie Krebs.

Der gewachsene Leistungsdruck in den Unternehmen, der mit einem Personalabbau ungekannten Ausmaßes gekoppelt ist, lässt immer mehr Frauen zum Äußersten greifen. Hielten die Frauen früher zusammen, um sich gegen die Männer zu behaupten, arbeiten Frauen heute konsequent gegen Frauen. Jedes Mittel ist erlaubt. Was bedeutet das für Sie? Mobbing bedeutet, dass frau hinterrücks Ihre Persönlichkeit attackiert und Ihre Arbeit sabotiert. Das macht es für Sie so schwer, Mobbing rechtzeitig zu erkennen.

Tipp

Woran erkennen Sie Mobbing?

- Mobbing tritt bevorzugt in großen Arbeitseinheiten auf, wo viele Frauen zusammenkommen;
- Mobbing tritt am häufigsten dort auf, wo viel gesprochen wird;
- jede weibliche Mobbingattacke beginnt mit einer Missgunst, einem Gerücht, einer Intrige – und kreist um die weibliche Geltung;
- Frauen, die Mobbing betreiben, organisieren sich häufig paarweise.

Sie wollen es nicht glauben? Es ist so! Seien Sie auf der Hut, bevor es Sie kalt erwischt. Mobbing enthält immer eine Zeitachse. Je weiter es auf der Zeitachse fortschreitet, desto mehr Frauen nehmen an diesem Spiel teil. Deshalb wollen wir in diesem Kapitel den Blick auf den Aspekt Mobbing unter Kolleginnen richten. Mobbing kann auftreten, obwohl Sie sich kollegial verhalten.

Britta sagt: »Ich fühle mich ausgebrannt und leer. Ich habe immer mit großem Elan und mit viel Idealismus mit anderen Frauen zusammengearbeitet. Es fiel mir leicht, meine Position als Leiterin der Abteilung zu finden – weil ich hart arbeite. Neuerdings bin ich jedoch nur mehr dem Misstrauen und den Verdächtigungen meiner Kolleginnen ausgesetzt. Ich weiß nicht einmal weshalb. Nie hätte ich mir vorstellen können, dass mir so etwas passiert.« Dreh- und Angelpunkt ist eine böse Gerüchteküche um Brittas Person: »Die hat überhaupt nichts drauf. Die fällt bloß in alle wichtigen Betten hinein. Korrupt ist sie auch. Sieht man doch – wie sie sich kleidet!«

Frauen wie Britta erleben Mobbing als extreme Form der Auseinandersetzung. Wird frau von frau gemobbt, wiegt das schwerer als jede Zurücksetzung durch die Männer. Besonders für Frauen, die gemeinsames Arbeiten als hohes Gut betrachten. Sie möchten nicht zum Opfer werden? Dann passen Sie auf!

Mobbing unter Frauen ist nichts Ungewöhnliches

Um es krass auszudrücken: Wenn Männer derart idealistisch denken und handeln würden, wie Britta es tut, gäbe es Nektar und Ambrosia für alle. Gibt es aber nicht. So gesehen ist es nicht erstaunlich, dass sich in den Zeiten des knallharten Wettbewerbs und Stellenabbaus auch Frauen den Stil der Männer aneignen. Frau spielt gegen frau: »Divide et impera!« – bereits die Römer wussten, wie man Sieg und Niederlage verabreicht. Der Zweck heiligt jedes Mittel. Es gibt kein Verhalten, das als anstößig empfunden würde. Frauen machen das heute genauso. Sie betrachten sich nicht mehr ausschließlich als weibliche Solidargemeinschaft. Geben Sie Acht, dass der Eifer der anderen Sie nicht aus dem gemeinsamen Boot hinauswirft. Weshalb kann Ihnen das passieren?

Das liegt unter anderem daran, dass die verschiedenen weiblichen Lebensentwürfe in den Strudel des Konkurrenzgeschehens geraten. Sie spalten die Frauen – und damit fängt es an. Da sind die Yuppies, die Alleinstehenden und die Mütter oder auch die Dinks. Die einen sind kinder-, die anderen familienlos. Dazwischen tummeln sich Quereinsteigerinnen, Teilzeitkräfte, Frauen mit Führungsanspruch und solche ohne ambitioniertes Ziel. Frauen und ihre Kolleginnen, die von Mobbing betroffen sind, sind zwischen 20 und 60 Jahre alt, haben das Leben noch vor sich, stellen die Weichen neu oder sehen keine Möglichkeit, etwas zu verändern. Für die einen sind die Würfel gefallen; die anderen mischen die Karten neu. Nichts ist gleich, alle sind verschieden. Manche Frauen wollen die Gleichheit erzwingen. Andere wehren sich vehement gegen diese Gleichheit, die ihnen im Zeitalter der Individualisierung als überholt erscheint. Sie vertreten die Auffassung: »Ich möchte mich nicht zurücknehmen, bloß damit eine andere sich nicht brüskiert fühlt!« Viele Frauen empfinden so. Sie sagen: »Ich will mein Bestes geben!« Und: »Selbstverständlich schufte ich mehr als üblich ist, schließlich will ich eine gute Arbeit machen!«

Andere Frauen sehen das weniger sportlich. Mit anderen Worten: Frauen wie Britta werden stirnrunzelnd beargwöhnt. Dort, wo die Gleichheit mit anderen Frauen nicht erreicht werden kann, neigen Frauen dazu, diese zu erzwingen. Das öffnet Mobbing von frau zu frau Tür und Tor – obwohl die unterschiedlichen Lebensläufe von Frauen die allgemeine Gleichheit der Frauen de facto längst aufgehoben haben. Aber genau hier liegt der Knackpunkt. Wenn Mobbing angesagt ist, lautet die Prämisse: »Weil ...!« So haben allein stehende Frauen in exponierten Positionen beispielsweise viel mehr Ähnlichkeiten mit Männern als mit Frauen, die verheiratet sind und Familie haben. Sie stecken viel mehr Zeit in die Arbeit als die Frauen, die sich ihrer Familie widmen. Sie können besser dotierte Aufgaben übernehmen. Ihr Status ist höher. Die Schere der Ungleichheit geht weiter auseinander statt sich zu schließen.

Unterschiedliche Lebensentwürfe können Mobbing provozieren

Daraus leiten sich für Mobbing unter Frauen einige wichtige Besonderheiten ab. Erstens: Je höher frau die Sprossen der Karriereleiter erklimmt, desto weniger Frauen teilen ihren Weg. Zweitens: Die Aggression von frau zu frau ist situationsabhängig – dann aber hemmungslos. Und drittens: Mobbing geschieht einfach so. Der Grund besteht darin, dass es eigentlich keinen Grund gibt. Mobbing ist dann so etwas wie ein Spiel. Das Spiel wird gespielt, weil es manchen Frauen einfach Spaß macht. Das ist nichts Ungewöhnliches. Besorgnis erregend ist jedoch, dass die Schmerzgrenzen zum Drangsalieren immer weiter fallen. Eine fängt an – und die andere? Sind Sie wehrhaft? Fit für Mobbing? Darüber sollten Sie sich Gedanken machen. Wer sich vor Mobbing schützen möchte, benötigt ausreichend Kenntnisse über den Wirkungszusammenhang zwischen Mobbing und der weiblichen Psychologie. Manche Opfer haben keine Kraft, um sich zu wehren. Andere werden selbst zur Täterin. Diese zwei Alternativen sind nicht der richtige Weg, um mit Mobbing umzugehen.

Werden Frauen in die Mobbing-Spirale von frau zu frau hineingezogen, reagieren sie erschrocken bis schockiert, weil sie die emotionale Kälte spüren, die Mobbing zugrunde liegt. Sie möchten sich wehren – sofern sie die Kraft dazu haben –, quälen sich aber mit der sie lähmenden Frage: »Was geschieht mit mir, was mit der anderen, was mit uns beiden?« Viele Frauen sagen auch: »Das will ich nicht. Ich frage mich, ob der Verlust von einfühlendem Verstehen der Preis ist, den ich bezahlen möchte?« Sie möchten das nicht? Sie möchten nicht ein Opfer sein, nicht Täterin werden? Was können Sie tun?

Wehren Sie sich!

Die beste Vorsorge, die Sie treffen können, ist die Prävention. Setzen Sie sich daher rechtzeitig mit dem Phänomen Mobbing auseinander. Erstens um zu erkennen, was Mobbing ist. So können Sie dem Phänomen vorbeugen. Zweitens um zu wissen, wie Mobbing wirkt. Das gibt Ihnen Entscheidungshilfen in die Hand, die Sie gut gebrauchen können, wenn Sie das Gefühl haben, von Mobbing überrollt zu werden.

Praxis

Checkliste: Verhaltensprävention gegen Mobbing:

- tragen Sie dezente Kleidung;
- achten Sie auf Ihre Außenwirkung;
- pflegen Sie einen kollegialen Umgang mit Ihren Kolleginnen, der Ihrer Funktion entspricht; machen Sie keine Unterschiede aufgrund persönlicher Sympathien oder Antipathien; vermeiden Sie verletzende Äußerungen, auch wenn andere Frauen Sie dazu provozieren möchten;
- sprechen Sie nicht über Privates, Konfessionen oder Politik, sondern bleiben Sie weltanschaulich neutral. Reden Sie small-talk;
- kochen Sie Ihr Süppchen nicht in der Gerüchteküche;
- meiden Sie den Kaffeeklüngel;
- rufen Sie nicht den Neid anderer Frauen hervor.

Mobbing zielt auf die **Vernichtung** der Rivalin

Mobbing beginnt oft ganz harmlos. Das macht es so schwer, es zu verstehen und zu durchschauen. »Wir sind ein Team und jede hat ihre Funktion!«? Sie möchten so fühlen? Aber: Andere fühlen oder denken anders. Sie wollen lachen, obwohl das Thema zum Heulen ist? Sie können nicht glauben, dass Ihre Kollegin, die Ihre Freundin ist, Ihren Kopf unter Wasser zieht? Doch, tut sie. Sie brauchen nicht die hohe Schule der Bosheit zu erlernen, um nicht zu versinken. Bleiben Sie gelassen, sorgen Sie für Distanz und ziehen Sie rechtzeitig Bilanz. Bei Mobbing handelt es sich um einen Teufelskreis, der nicht leicht zu durchbrechen ist. Je tiefer Sie in den Strudel hineingeraten, desto stärker wird der Druck, der auf Sie ausgeübt wird, desto stärker wird Ihre Verunsicherung. Und genau das ist das Ziel. Eine unsichere Kollegin ist eine schlechte Kollegin! Wenn Sie das frühzeitig erkennen, beugen Sie dieser Mechanik vor. Sie ziehen die Notbremse, bevor der Zug so richtig in Fahrt kommt. Denn: Der Zug Mobbing, sitzen Sie erst mal drin, fährt und fährt und fährt. Für Britta ist Mobbing längst zur Lawine geworden. Sie sitzt im Zug und kann ihn nicht stoppen.

Brechen Sie frühzeitig aus

Britta: »Ich verstehe das alles nicht. Ich verstehe nicht, dass es Frauen gibt, die sich zusammenfinden, um eine andere derart fertig zu machen.« Was ist passiert? Das Gerücht: »Sie fällt in alle Betten hinein. Sie hat Dreck am Stecken. Sie ist korrupt. Sieht man doch – wie sie sich kleidet!« – hat voll eingeschlagen und platziert seine Wirkung. Die Frauen, die in der Abteilung arbeiten, die Britta leitet, kennen es. Nur Britta nicht. Da sie nichts darüber weiß, es ihr auch keine Kollegin sagt, nehmen die Dinge ihren Lauf.

Die starke Kollegin Britta gerät immer mehr unter Druck: Es wird getratscht und getuschelt. Ihre Anweisungen werden nicht mehr beachtet, ihre Leistungen ignoriert, plötzlich nicht mehr als wahr betrachtet. Es hagelt verdeckt unsachliche Kritik und demütigende Beleidigungen, die unter die Gürtellinie gehen. Ihr Engagement wird als getarnter Egoismus diffamiert. In einer Sitzung werden ihre Verbesserungsvorschläge für ein Projekt unterdrückt; eine ihrer Kolleginnen beginnt grundlos, sie bloßzustellen und Erfolge der gemeinsamen Arbeit sich allein zuzuschreiben. Das bewirkt vor allem Beifall bei den Frauen, die mit ihrer starken Kollegin Britta ohnehin Probleme hatten. Britta registriert diese Veränderungen irritiert. Sie fühlt sich an den Rand gedrängt. Sie

Die Mobber erhalten immer mehr Zulauf

möchte sich wehren, ist aber wehrlos, weil sie die Gründe für dieses Verhalten nicht kennt. Für die Wahrheit, dass Britta außerordentlich viel und hart arbeitet, interessiert sich niemand mehr. Sogar die Kolleginnen, mit denen sie einen vertrauensvollen Umgang pflegte, werden durch die Verdächtigungen instrumentalisiert und in diesem Teufelskreis zunächst zu Mitläuferinnen, dann zu Mittäterinnen. Brittas sachliche Argumente werden mehr und mehr verdreht. Das entstellt nicht nur den Inhalt des Themas, über das sie spricht, sondern es zeichnet ein verzerrtes Bild ihrer Person. Ihre Kooperationsangebote werden abgelehnt, ihre Fragen ignoriert und ihre Äußerungen unter den niedrigsten aller möglichen Nenner subsumiert. Britta ist erledigt.

DIE FOLGE: SOZIALE ISOLATION

Britta ist kein Einzelfall. Das Fatale aber ist: Frauen wie Britta nehmen ihr Leiden abends mit nach Hause und tragen es in die Partnerschaft hinein. Freunde und Familienangehörige können irgendwann die Geschichte von den gemeinen Kolleginnen nicht mehr hören. Die Opfer von Mobbingattacken reagieren gereizt und sind bedrückt. Sie sind nicht nur ein Opfer; sie fühlen sich allein – isoliert von den anderen, mit denen sie arbeiten und leben. Das macht vielen betroffenen Frauen Angst. Diese Angst ist menschlich. Sie spiegelt die archaische Sehnsucht der Frauen nach Zugehörigkeit. Die ersten Menschen lebten in Gruppenverbänden. Allein die Zugehörigkeit zu ihrer Gruppe garantierte das menschliche Überleben. Wie hätte frau vor Millionen von Jahren, auf sich gestellt und allein, überleben können? Überhaupt nicht. Wenn Sie – durch Mobbingattacken ausgelöst – Angst verspüren, ist das nichts, wovor Sie sich zu fürchten bräuchten. Diese Angst ist ein weiteres entwicklungsgeschichtliches Überbleibsel. Es ist aber extrem wichtig, die Angst, die Mobbing hervorruft, als archaische Angst zu erkennen.

Wenn Sie das Gefühl haben, dass der Zug, in dem Sie sitzen, auf dem falschen Gleis fährt, nehmen Sie sich eine Auszeit. Schöpfen Sie Kraft. Danach erst entscheiden Sie neu. Denken Sie darüber nach, wer Sie sind; schreiben Sie Ihre positiven Eigenschaften, Ihre bisherigen Erfolge, die glücklichsten Momente Ihres Lebens auf. Rufen Sie sich Ihre Erfolge, Ihre Einzigartigkeit und Ihr Glück regelmäßig ins Gedächtnis – das hilft und tut gut! Und schauen Sie sich Ihre Kolleginnen einmal genauer an. Es gibt nicht nur Sie als Opfer. Es gibt auch die Täterin – und das, was sie bewegt.

Praxis

Notieren Sie stichpunktartig Ihre wichtigsten Erfolge. Rufen Sie sie sich immer wieder ins Gedächtnis. Der Blick auf das, was Sie schon erreicht haben, muntert Sie auf, wenn Sie sich verunsichert fühlen.

Mobbing spiegelt **Frauenängste**

Sie und andere Frauen stehen mit beiden Beinen mitten im knallharten Konkurrenzgeschehen. Sie bewegen sich zwischen Macht, Ohnmacht, Anerkennung und Geltung, Streit, dem Wunsch nach Harmonie – und eben getrieben von dem Ansporn, sich in der Gruppe zu behaupten oder nach welchem Mehrwert auch immer zu streben. Begegnen sich verschiedene Frauen, greifen die verschiedensten Stränge der Persönlichkeit ineinander. Die Auftritte sind höchst verschieden: Hosenanzug hier, Kostüm dort, lässiger Bürostil, Edeljeans oder auch T-Shirt mit Bauchnabel freier Zone – alles ist erlaubt. Das heißt zunächst einmal nichts anderes, als dass frau ihren Typ unterstreicht. Es findet sich zwar meistens eine Passung zwischen den Symbolen von Frauen und den von ihnen ausgeübten Funktionen, doch die uniforme Kleiderordnung ist ad acta gelegt. Geblieben ist das Bedürfnis nach Geltung, das die Frauen immer dann am meisten umschlingt, wenn sie das Band der Beziehung nicht knüpfen. Sie sind nicht die Einzige, die nach Geltung strebt. Ihre Kolleginnen streben ebenfalls danach. Das sollten Sie bedenken, wenn Sie als Frau mit Frauen arbeiten.

Der Grund ist ganz simpel: Frauen verfügen über ein ausgeprägtes Geltungsbedürfnis und sie leiten aus diesem auch einen selbstverständlichen Anspruch auf Geltung ab. Das gilt für alle Frauen. Egal, ob frau eine Schönheit oder ob frau ein Mauerblümchen ist. Wie wir in dem vorhergehenden Kapitel gesehen haben, pflegen Frauen keine männliche Dominanzhierarchie, sondern das Gleichheitsgebot. In Wirklichkeit hat diese Gleichheit aber keine tatsächliche Bedeutung mehr. Schon gar nicht bei knallharten Auseinandersetzungen. Frauen neigen dann dazu, eine Geltungshierarchie zu installieren. Sie ist an das Bewusstsein des eigenen Selbst gebunden, das Frauen immer als einen Wert an sich betrachten.

Jener Selbstwert steigt oder sinkt, je nachdem, ob frau im Verbund mit anderen Frauen aufgrund bestimmter Eigenschaften geschätzt wird und Ansehen hat – oder eben missachtet wird. Geltung vor anderen Frauen wird so zum Motiv! Ausufernde Dominanzansprüche einzelner Kolleginnen im Verbund von vielen Frauen, die miteinander arbeiten, können etwa dadurch kontrolliert werden, dass innerhalb der Gruppe frau eine dabei ist, die einzelnen Frauen die Anerkennung entzieht. Da die Anerkennung immer von anderen abhängt, liegt es also in der Macht einzelner Frauen, sie zu verleihen oder eben zu verweigern oder zu entziehen. Umgekehrt gilt: Frau kann die Geltung von frau zu frau nicht erkämpfen. Sie ist mithin wehrlos. Daraus erwachsen Ohnmachtsgefühle. Ohnmacht befördert Angst. Angst lässt Menschen unsicher werden. Unsicherheit frisst die Geltung auf. Geltungsverlust entzieht Frauen die Anerkennung. Daraus wachsen neue Ohnmachtsgefühle, Ohnmacht befördert Angst ... Genau dies ist der Teufelskreis, der Mobbing zur Lawine anwachsen lässt. Sie möchten das nicht erleben – dann setzen Sie sich mit dem Geltungsbedürfnis Ihrer Kolleginnen auseinander!

Bei Mobbing von frau zu frau ist die Geltung der einen immer die Ohnmacht der anderen. Frau ernährt sich von frau, höhlt sie aus. Schlimmer noch: Sie beißt in die Natur der anderen hinein. Stellen Sie sich einmal einen saftigen, herrlich grünen Apfel vor: Jeder Biss nimmt der köstlichen Frucht ein Stück weg. Ein zweiter Biss – das nächste Stück; ein dritter Biss – nur mehr die halbe Frucht; ein vierter Biss – alles weg. Frau macht frau zur Paria. Der Biss in den Apfel ist ein gutes Beispiel, anhand dessen Sie sich visualisieren können, welche Gefühle Mobbing bei Frauen hervorrufen. Mobbing zieht herunter und vernichtet das Selbst. Das hinterlässt keine guten Gefühle, sondern macht krank, wenn wir das zulassen.

Weshalb reichte frau Schneewittchen den giftigen Apfel? Das mit Schneewittchen und den Folgen kennen Sie. Also: Beißen Sie nicht in den Apfel hinein. Doch wenn frau sich in Sie verbeißt, dann haben

Sie die schlechtesten Karten im ganzen Spiel. Die Zusammenarbeit von Frauen gestaltet sich gerade deshalb so schwierig und ist so belastend, weil Frauen nicht bereit sind, sich anderen Frauen unterzuordnen oder gar im realen oder gedachten Wettstreit zu verlieren. Um zu gewinnen, schrecken Frauen situativ nicht davor zurück, andere Frauen mit Mobbing zu überziehen. Provozieren Sie dieses Mobbing nicht. Mobbing, das um die weibliche Geltung kreist und Ohnmacht hervorruft, spiegelt immer auch Frauenängste.

Tipp

Mobbing hat viele Ursachen

Frauen mobben Frauen, weil sie

- 1. Angst haben, ihren Job zu verlieren;
- 2. persönliche Unzulänglichkeiten vertuschen möchten;
- 3. die Kompetenzen der anderen fürchten;
- 4. Jugendlichkeit als Bedrohung empfinden.

Diese vier vorherrschenden Motive von Frauen, die gleichzeitig ihre Ängste spiegeln, die um die Geltung kreisen, wollen wir uns im Einzelnen ansehen.

Erste Angst: **Jobverlust**

Im Leben der Frauen von heute nimmt der Job mit die wichtigste Stellung ein. Denn: Kein Job, kein Gehalt, keine Brötchen. Auf der Einkaufsliste steht dann höchstens noch Schwarzbrot – ohne Butter. Viele Frauen leben als Single oder sie sind ein wichtiger Miternährer ihrer Familien. Ihr Job ist ein notwendiger finanzieller Bestandteil ihres Lebens. Laufende Ausgaben, Kredite für ein Eigenheim, die Wohnung, das Auto und vieles mehr sind oft auf lange Sicht vorausgeplant.

Da ist es nicht selbstverständlich, dass Frauen rücksichtsvoll auf ihren Stuhl verzichten. Werden Arbeitsplätze abgebaut, die Organisationen »verschlankt« oder fusionieren Betriebe und werden Aufträge global vergeben, geht das Gerangel um die verbleibenden Stellen los. Das Klima ist ganz bestimmt nicht von der guten, freundschaftlichen Beziehung zu den Kolleginnen geprägt. Statt warmer Nähe herrscht eisige Kälte. Bevor Sie bemerken, dass das Spiel nicht mehr »Mensch ärgere dich nicht« heißt, sondern ab sofort »Einer wird gewinnen« gespielt wird, rollt die Mobbing-Lawine bereits auf Sie zu.

Angst vor Jobverlust

- lässt alle Hemmungen fallen,
- macht selbst vor Freundschaften nicht Halt.

Danuta arbeitet in einem größeren Softwareunternehmen. Sie ist eine gute Programmiererin und arbeitet in einem Team von acht Frauen. Seit kurzem kursieren Gerüchte, dass das Systemhaus zum Ende des Jahres Personal abbaut. Die Mitarbeiter wissen noch nicht, wen es treffen wird. Eines allerdings wissen die Kolleginnen: »Es geht um alles oder nichts!« Danuta: »Plötzlich traten massive Störungen an meinem PC auf. Täglich stellte ich fest, dass mein Passwort manipuliert und Dateien heimlich gelöscht oder verändert wurden. Unter meinem Namen wurden E-Mails mit extremen politischen Inhalten verschickt.« Wer solche Mails erhielt, reagierte mit üblen Drohungen: »Wir machen Sie fertig! Sie sind verrückt!« Damit fing alles an.

Wenn Sie sich in einer ähnlichen Situation befinden, sagen Sie frühzeitig und sehr bewusst: »Stopp! Bis hierher und nicht weiter!« Es ist ein großer Fehler zu glauben, Sie könnten über den Dingen stehen, die da in Ihrem Namen losgetreten werden. Wenn Sie den Riegel nicht vorschieben, betrachten andere das als Einladung, weiterzumachen. Schalten Sie wichtige Bezugspersonen ein. Das können sein:

- Kolleginnen oder Kollegen, die erkennbar auf Ihrer Seite stehen;
- Ihre Vorgesetzte;
- den Betriebs-/ Personalrat;
- Ihr soziales Netzwerk.

Warten Sie nicht darauf, dass Ihr feindlich gesinntes Umfeld aus reiner Nächstenliebe zur Einsicht kommt. Das ist bei Mobbing ausgeschlossen. Entschärfen Sie selbst die Situation.

Zweite Angst: Auffliegen persönlicher **Unzulänglichkeiten**

Es gibt sehr viele Details, die im Zeitalter der schnellen und überbordenden Informationsgesellschaft täglich über die Schreibtische fluten. Das Wesen »arbeitender Mensch« ist zum Flaschenhals degradiert, durch den die Informationen hindurch müssen, damit Sie sie zu Wissen verwerten: Eine neue Handreichung hier, veränderte Richtlinien dort, anschwellender Verwaltungsaufwand, neue Gesetze. Der globale Markt, die strukturellen Reformen, zurückgehende Aufträge, ausbleibende Kunden, drohende Insolvenz? Egal, aus welcher Richtung der Wind weht – er weht heftig: »Aber bitte schnell!« Oder: »Sie übernehmen die Aufgaben XY von Kollegin Schmitt zusätzlich!« Oder: »Arbeiten Sie sich bis morgen in die neue Technik ein!«

Sie und Ihre Kolleginnen bewältigen mehr Arbeit in kürzerer Zeit?! Und: Sie arbeiten mit weniger Personal zeitversetzt an verschiedenen Plätzen? Dann gilt für Sie das Mc Donalds-Prinzip. Das heißt: Alle können alles machen! Es weiß zwar kaum mehr eine, was die andere vorher gemacht hat, aber das macht nichts. Frau läuft schließlich zur Hochform auf. Denn: Frauen sind äußerst talentiert darin, mehrere Dinge gleichzeitig zu tun. Das ist sozusagen das weibliche Metier. Das gilt ganz besonders für die Frauen, die Familie und Arbeit auf einen Nenner bringen. Gut für Sie, wenn Sie über dieses Talent verfügen. Andere können es nicht.

Flexibilität ist gefragt

Die Aufmerksamkeit eines Menschen richtet sich nicht selbstverständlich auf zwei oder mehrere Dinge gleichzeitig. Das hat etwas mit den Fähigkeiten des menschlichen Gehirns zu tun. Die Aktivitäten in dem einen Netzwerk hemmen die Aktivitäten in dem andern. Es gibt Ausnahmen, aber sie sind selten. Es bleibt daher nicht aus, dass sich Fehler einschleichen, wenn Sie und Ihre Kolleginnen ständig zwischen verschiedenen Themenbereichen hin- und herwechseln. Das hat auch viel mit der höheren Geschwindigkeit zu tun, mit der die ständig wechselnden Änderungen durchgepeitscht werden. Wussten Sie, dass sich das weltweit verfügbare Wissen alle fünf bis sieben Jahre nahezu verdoppelt? Das alles trägt dazu bei, dass viele Frauen gereizt agieren, obwohl sie talentvoll organisieren. Das ist kein grober Widerspruch, sondern in vielen Unternehmen wie auch in kleinen Betrieben schlicht der berufliche Alltag. Sie mögen keine Probleme damit haben – für Ihre Kollegin ist es aber vielleicht ein Problem.

Dagmar: »Ich will mich durchsetzen – egal wie!« Dieser Glaubenssatz entspricht nicht meiner Natur. Doch ich habe erfahren, dass andere nach diesem Muster handeln. In dem Labor, in dem ich arbeite, sind Analysen nicht durchgeführt worden, die sehr wichtig waren. Als es aufflog, war der Ärger riesig. Plötzlich war ich mit einer Lüge konfrontiert. Vielleicht liegt es daran, dass ich Pickel habe, nicht dem gängigen Schönheitsideal entspreche. Ich profiliere mich auch nicht. Das liegt mir einfach nicht. Meiner Kollegin schon. Sie klappert ständig mit ihrem »Handwerk« und versteht es, sich in Szene zu setzen. Wer will mir schon glauben oder für mich eintreten?!«

Mobber machen eigene Schwächen zu denen anderer

Deshalb bleibt Dagmar auf dem Ärger sitzen, den eine andere zu verantworten hat. Denn eine ihrer Kolleginnen überspielt ihre Unzulänglichkeiten mit geschicktem Vertuschen hinter Dagmars Rücken: »Dagmar ist im Augenblick einfach nicht zuverlässig! Sie ist total überlastet. Bestimmt hat sie Probleme! Sie sollte unbedingt zum Arzt gehen – so schlecht, wie sie aussieht! Vielleicht leidet Sie unter Essstörungen. Kein Wunder – bei ihrer hektischen Art!«

Solche Äußerungen sind nichts, was Sie zu beunruhigen bräuchte. Doch diese oder ähnliche Dreistigkeiten ziehen Ihre Geltung erst herunter, wenn andere in den Refrain einstimmen. Bei Mobbing stimmen andere mit ein. Wenn unisono gesungen wird, haben Sie keine Chance, sich zu behaupten. Ihrer rigorosen Kollegin wird geglaubt. Dagmar: »Ich halte es hier nicht mehr aus. Ich weiß nicht, was ich falsch gemacht habe. Ich verstehe das alles nicht. Ich gehe!« Wenn Sie nicht wie Dagmar das Handtuch werfen möchten, sprechen Sie rechtzeitig mit Ihrer Chefin und klären Sie Ihre Position.

Dritte Angst: **Bedrohung** durch die Aufsteigerin

Lisa hat es geschafft. Sie ist frisch gebackene Journalistin bei einer großen überregionalen Tageszeitung. Es vergeht kaum ein Tag, an dem sie die Redaktion nicht aufmischt. Die leitende Redakteurin fühlt sich von Lisa schnell überflügelt. Sie bürdet ihr schließlich derart viele Rechercheaufträge auf, wie sie objektiv nicht zu bewältigen sind. Lisa begreift bald, wohin die Reise geht. Sie wird von ihrer Chefin zunehmend beschimpft: »Sie sind eine minderbemittelte Legasthenikerin.« Ein Satz dem viele folgen: »Schlecht recherchiert – Sarah macht das nächste Feature.« Die Auseinandersetzungen gleiten immer mehr ab. Lisas Elan ist gebrochen. Ihre Texte sind bloß noch müder Durchschnitt. Und Sarah überholt sie auf der linken Spur.

Wenn Sie sich Ihren Elan bewahren wollen, dosieren Sie Ihre Ambitionen. Verkneifen Sie sich die großen Auftritte. Machen Sie unauffällig Ihre Arbeit. Ihre Chefin ist wichtiger als Sie. Das sollten Sie nicht übersehen, auch wenn es Ihnen nicht leicht fällt, sich zurückzunehmen. Betreiben Sie Eigenmarketing sehr dezent und nur zu ausgewählten Anlässen. Lassen Sie Ihre Chefin sprechen. Hören Sie zu. Widersprechen Sie nicht. Denn: Eine Aufsteigerin lebt gefährlich. Sie leistet zu viel, sie ist zu fleißig, zu strebsam, zu gut. Wussten Sie, dass sich viele Chefinnen insgeheim am meisten vor der weiblichen Aufsteigerin fürchten? Schließlich weiß frau um die Stärke von frau. Sie macht Sie täglich profilloser! Im Verbund mit Ihren Kolleginnen. Denn diesen sind Sie sowieso ein Dorn im Auge. Bis von Ihren Stärken nichts mehr übrig bleibt!

Profilieren Sie sich geschickt und zurückhaltend

Vierte Angst: **Ausgebootet** werden von der Jüngeren

Eng verwandt mit der Angst vor der Aufsteigerin ist das Phänomen, dass viele Frauen unbewusst negative Gefühle entwickeln, sobald eine Jüngere ihre Kreise stört. Es ist die Angst vor der Jüngeren. Viele Frauen empfinden so, bevor die Jüngere sich überhaupt darüber im Klaren ist. Denn: Die Jüngere ist aufgrund ihres jugendlichen Alters unerfahren und unbekümmert im Umgang mit anderen Frauen – speziell mit dem Thema Frauen und der weiblicher Konkurrenz im Beruf.

Junge Frauen allerdings punkten gegenüber älteren Kolleginnen mit ihrer Qualifikation, die frisch und auf dem neuesten Stand ist. Sie sind die Jüngere? Dann sind Sie hochmotiviert, lernen in aller Regel schnell und können sich in die ständig wandelnden Arbeitsverläufe leicht einarbeiten? Das ist nun mal das Privileg der Jugend. Es hat aber einen Nachteil: Das Privileg der Jugend erzeugt Angst bei Frauen, die den ständig steigenden Anforderungen nicht mehr immer gewachsen sind. Das heißt: Sie sind qualifizierter als diejenige, die schon lange im Betrieb ist. Wissen Sie, dass die Ältere ihre Geltung aus der langjährigen Betriebszugehörigkeit und aus ihrem Lebensalter herleitet? Sind Sie nicht bloß jung, sondern auch noch die Neue, dann haben Sie es nicht leicht. Achten Sie die Ältere!

Brigitte zuckte zusammen, als ihre Chefin zu ihr sagte: »Unsere Auszubildende könnte ich mir auch gut auf Ihrem Stuhl vorstellen!« Es ist ein harmloser Satz, doch er signalisierte Brigitte, dass ihre Chefin mit ihrer Arbeit nicht mehr uneingeschränkt zufrieden war. Als dann auch noch feststand, dass Doris übernommen werden sollte, überkam Brigitte das ungute Gefühl, dass sie nicht mehr lange gebraucht werden würde. Das machte ihr Angst. Die folgenden Monate wurden für Doris zur Qual, denn Brigitte zog alle Register, die Mobbing bereithält, und schikanierte ihre junge Kollegin, die sie für ihre ärgste Rivalin hielt.

Damit es Ihnen nicht wie Doris geht, sollten Sie Folgendes wissen:

Ihren älteren Kolleginnen fällt es nicht leicht, das lebenslange Weiterlernen, das heute selbstverständlich ist, in funktionierende Arbeitstechniken umzusetzen. Die Flut der Informationen zu filtern, ständig neue Informationen aufzunehmen, geschieht durch das menschliche Gehirn. Die Hirnforscher sind sich zwar einig, dass Lernen lebenslang geschieht, doch Sie als Jüngere haben zunächst ganz einfach die besseren Karten: Sie sind mit Freude und mehr Motivation bei der Sache als die Ältere. Ältere Menschen, die oft mit mannigfaltigen Defiziten zu kämpfen haben, möchten häufig auch gar nicht mehr aktiv lernen. Passivität führt zum Abbau neuronaler Netze. Wer hingegen über viele neuronale Netze verfügt, dem fällt Lernen leichter. Sie als die Jüngere verfügen also nicht bloß über frisches Wissen, Sie lernen auch leichter. Das ist ein Naturgesetz, an dem nicht zu drehen ist. Dieses Naturgesetz ist Ihre Stärke. Es ist umgekehrt die Schwäche Ihrer älteren Kollegin. Sie weiß, dass sie auf Dauer mit Ihnen nicht mithalten kann. Sie mag zwar über wertvolle Erfahrungen verfügen oder über Eigenschaften, die für den Betrieb wertvoll sind, doch sie spürt instinktiv, dass ihre Erfahrungen nicht mehr am wichtigsten sind. Zeigen Sie Ihre jugendliche Überlegenheit, die Ihre Stärke ist, nicht offen. Trumpfen Sie gegenüber Ihrer älteren Kollegin nicht auf. Es ist nicht nötig.

Verhalten Sie sich kollegial

Das Beispiel zeigt aber auch, dass ein Führungsfehler der Chefin aus dem Problem erst ein Problem macht: »... könnte ich mir auf Ihrem Stuhl auch gut vorstellen!« Das ist kein harmloser Satz, sondern ein grober Kommunikationsfehler! Wenn Sie unzufrieden mit der Arbeitsleistung Ihrer Mitarbeiterinnen sind, dann sprechen Sie das offen an. Beachten Sie außerdem: Klare Stellenbeschreibungen vermeiden unnötige Reibereien, aus denen Mobbing werden kann. Die Jüngere, besser Qualifizierte ordnet sich der älteren Kollegin nicht automatisch unter, wenn diese schwächer ist. Und: Frauen sind nicht bereit, die Stärke anderer Frauen hinzunehmen. Schon gar nicht, wenn diese jünger sind.

Sind Sie die ältere Kollegin, dann bedenken Sie: Sie sind nicht automatisch im Hintertreffen, bloß weil Sie älter sind. Sie brauchen nicht mit Dingen aufzutrumpfen, die Sie nicht nötig haben. Sie brauchen auch nicht in die Requisitenkiste des Mobbings zu greifen. Nehmen Sie lieber die Herausforderung an und bilden Sie sich konsequent weiter. Statt in Ihrer jüngeren Kollegin die Nebenbuhlerin zu sehen, können Sie die Rolle der Mentorin übernehmen. Wohlgemerkt der Mentorin – nicht der Mutter. Die Jüngere weiß es zu schätzen – und Sie fühlen sich gut.

Mechanismen, die bei **Mobbing** auftreten

Mobbing unter Frauen, das haben die vorhergehenden Ausführungen gezeigt, geht über die allgemeine Konkurrenz hinaus. Mobbing resultiert allerdings aus dieser Konkurrenz. Das bringt noch einmal die Psychologie ins Spiel. Wird der psychologische Gehalt aus dem Kontext Mobbing herausgehoben, so zeigt sich, dass Mobbing eine zerstörerische Kraft ist. Weshalb ist das so?

Ähnlich wie bei der Konkurrenz spielt auch bei Mobbing eine zweite Komponente in das Geschehen hinein. Sie ist die Kehrseite derselben Medaille. Die Bedeutung, die bei der Konkurrenz dem Neid zukommt, hat bei Mobbing der Ehrgeiz, der wiederum eng mit der Geltung zusammenhängt. Daraus entwickelt sich eine negativ geladene Energie. Das heißt: Frauen entfachen situativ aus ihrer ganz eigenen Motivation heraus Streit, der hinterrücks auf die persönliche Schädigung anderer Frauen zielt. Mobbing kann aber nur zum Leiden werden, wenn nicht nur frau frau mobbt, sondern sich weitere Frauen von dem Bazillus Mobbing anstecken lassen. Die zersetzende

Kraft, die bei Mobbing wirkt, entfaltet immer eine Eigendynamik, die alle Beteiligte in ihren Bann zieht, sobald sie von der Mobbing-Lawine ergriffen werden. Dass sich das so und nicht anders vollzieht, ist ein Bestandteil der menschlichen Psychologie. Daher ein Wort an Sie, die Sie als Kollegin mitmachen – Sie machen sich schuldig. Das Opfer kann die Lawine nicht aufhalten; es kann den Zug, in dem es sitzt, nicht stoppen. Mobbing unterliegt einem psychologischen Gesetz. Es ist das Gesetz der »Selffulfilling Prophecy«, der sich selbst erfüllenden Voraussage.

Mobbing macht vor niemandem halt

Um zu verstehen, welche Mechanismen bei der »Selffulfilling Prophecy« ineinander greifen, sind für Sie, wenn Sie bereits Opfer geworden sind, sechs Regeln wichtig.

Tipp

Prägen Sie sich diese Regeln ein

1. Beim Übergang von den Primaten zu den Hominiden wurden Teile der Verhaltenssteuerung aus den Erbkoordinaten in den Lernprozess übernommen.
2. An die Stelle der genetisch vorprogrammierten Verhaltensmuster traten als Steuerung des Verhaltens die Normen der Gruppe, in denen der Mensch lebte.
3. Die menschliche Natur ist bis heute durch den Lernprozess manipulierbar.
4. Manipulation geschieht über die Kommunikation.
5. Bei Mobbing ist die Kommunikation negativ.
6. Kommunikation ist das Leben.

Was bedeutet das? Das bedeutet, dass Ihr Leben negativ geladen ist, wenn Sie in die Spirale Mobbing hineingeraten sind, weil Mobbing eine sich selbst erfüllende Voraussage ist, deren Gesetzmäßigkeit nur schwer zu durchbrechen ist.

> Britta: »Ich bin fassungslos, dass keine meiner Kolleginnen mir sagt, was hier gespielt wird. Sie sprechen über mich, aber keine spricht offen zu mir. Keine sagt: Weißt du eigentlich, was über dich geredet wird?«

Das ist eine gute Frage. Da keine Ihrer Kolleginnen zu Ihnen spricht, möchten Sie die Frage selbst stellen? Sie vermuten Spott und Hohn? Sie glauben nicht, dass Sie eine offene und ehrliche Antwort erhalten? Deshalb fragen Sie erst gar nicht? Das ist verständlich. Sie brauchen diese Frage nicht zu stellen. Sie können sie selbst beantworten. Wie das geht, wollen wir uns genauer ansehen.

Wer **gewinnen** will, muss **kämpfen**

Sie brauchen über den Beziehungskrieg, der mit Mobbing verbunden ist, nicht verzweifeln. Erstens: Sie sind nicht allein, auch wenn Sie sich allein fühlen. Sie teilen Ihr Schicksal mit Millionen anderen. Zweitens: Knacken Sie den Code der Gerüchteküche. Wie soll Ihnen das gelingen, da Ihre Kolleginnen nicht offen mit Ihnen sprechen? Ganz einfach: Bevor Sie sich zermürben lassen, werfen Sie lieber einen Blick auf die Kommunikation. Sie haben im vorhergehenden Kapitel bereits viel darüber erfahren. Eine weitere Regel lautet: Jede Kommunikation ist digital und analog.

VERBALE UND NONVERBALE KOMMUNIKATION

Jede sprachliche Äußerung von Menschen besteht aus verbalen und nonverbalen Mitteilungen. Die digitale Mitteilung besteht aus Sprach- und Zahlensystemen. Die analoge aus Mimik, Gesten und Körperhaltungen. Dort, wo die Geltung ins Spiel kommt, ist die Beziehung einzelner Frauen zueinander das zentrale Thema der Kommunikation. Daraus leitet sich als weitere Regel ab: Die digitale Kommunikation erweist sich als bedeutungslos, wenn frau mit frau spricht und dabei Geltung beansprucht. Eine Geste oder das Mienenspiel Ihrer Kollegin sagt Ihnen mehr darüber, wie die andere über Sie denkt und was sie beabsichtigt oder bezwecken möchte, als hundert Worte.

Da wir mehr gelernt haben, auf verbale Mitteilungen zu achten als auf nonverbale, gehen Ihnen viele Informationen verloren, wenn Sie Ihre Aufmerksamkeit allein auf die Worte Ihrer Kollegin richten. Beobachten Sie stattdessen Ihre Kolleginnen. Was fällt Ihnen dabei auf? Genau dieses: Sobald Sie sich äußern, senden diese eine ganze Bandbreite nonverbaler Signale. Sie entdecken, dass es offensichtlich keine Passung gibt zwischen Ihrer Natur und der von den anderen phantasierten Wirklichkeit über Sie. Sie entdecken noch etwas: Es gibt vielmehr eine Zweiteilung in Image und Natur auf der einen – auf Ihrer – Seite und angenommene Wirklichkeit und Motivation der Mitläuferinnen und Täterinnen auf der anderen Seite. Sie entdecken drittens: Sie bestätigen die angenommene Wirklichkeit, weil perfekte Gerüchte zwar zweideutig auslegbar sind, diese von Ihren Kolleginnen aber gemäß Ihres Images und deren Motivation bzw. aus deren Sicht, automatisch falsch ausgelegt werden. Die Missverständnisse werden immer größer. Das alles geschieht nicht absichtlich, ist nicht bösartig, doch geschieht so. Es ist das Prinzip der Selffulfilling Prophecy. Bei Mobbing ist nicht die Wahrheit

Mobbing schafft Scheinwahrheiten

wahr, sondern das, was wirkt. Wenn Sie das feststellen, haben Sie viel gelernt. Das ist Ihr Gewinn. Sie brauchen nicht über jedes Stöckchen zu springen, das Ihnen hingehalten wird. Das haben Sie nicht nötig. Sie können Mobbing ad acta legen. Sie haben den Teufelskreis der reaktiven Mechanik durchbrochen.

Besteht für Sie keine Chance, diesen Teufelskreislauf zu durchbrechen, sollten Sie die »Baustelle« Mobbing verlassen. Denn diese Baustelle zermürbt Sie, raubt Ihnen Ihre Kräfte, treibt Sie in die Verzweiflung. Gehen Sie diesen Weg nicht. Er macht Sie krank. Und das wollen Sie ganz bestimmt nicht. Verschwenden Sie Ihre Kraft nicht auf dieser Baustelle, wenn Sie feststellen, dass Sie keine Möglichkeit haben, Ihre Position wiederherzustellen – weil die Fehlwahrnehmungen und die Motivation Ihrer Gegnerinnen stärker sind als Sie und Ihr kollegiales Empfinden, das Sie Ihren Gegnerinnen entgegenbringen möchten.

Ein Wort zum Schluss: Wer kämpft, kann verlieren. Wer nicht kämpft, hat bereits verloren. Wer kämpft, kann auch gewinnen. Darauf kommt es an. Es geht für Sie als Opfer nicht ums Siegen. Es genügt, wenn Sie gewinnen. Achten Sie die Geltung Ihrer Gegnerinnen. Die Bewahrung Ihres Selbst, Ihrer Natur ist Ihr Gewinn.

Tipp

Checkliste: Entschlüsselungscode von nonverbaler Kommunikation

Nonverbale Kommunikation vollzieht sich über die Körpersprache:

- Körpersprache ist direkt und ehrlich;
- Körpersprache ist wie der Stein eines Mosaiks;
- Miene, Augen und Blick liefern wertvolle Informationen.

Miene hat verschiedene Gesichter:

- erstaunte Miene – frau nimmt sich wichtig;
- unbewegte Miene – frau fühlt sich überlegen;
- konzentrierte Miene – frau ist nicht bereit, Informationen aufzunehmen, die ihren Zielen zuwiderlaufen.

Augen sind der Spiegel der Seele:

- stechende Augen – frau ist aggressiv, gefühlskalt, streng;
- abgedeckte Augen – frau ist verschlagen und belauert frau;
- aufgerissene Augen – frau will um jeden Preis gewinnen, jedes Mittel ist recht.

Blick verrät Feindseligkeit oder Achtung:

- ernster, schneller Blick zwischen einzelnen Frauen – frau ist im Verbund mit anderen Frauen neugierig; zeigt egozentrischen Besitzanspruch rund ums Thema Rechthaberei;
- gesenkter Blick von unten nach oben – frau ist taxierend, überheblich, feindselig;
- gerader, offener Blick – frau achtet frau, ist aufrichtig und kooperativ.

Berücksichtigen Sie Ort, Zeit, Umstände sowie alle weiteren beteiligten Personen. Einfache Lösungen oder Patentrezepte für die Decodierung gibt es nicht. Ihr Entschlüsselungscode ist vielmehr Ihr Wissen um das nonverbale Zusammenspiel von Miene, Augen und Blick. Emotionalen Beistand erkennen Sie an einem zustimmenden Blick, einem echten Lächeln, offenen Augen und freundlichen Gesten.

Tipp

Schaffen Sie sich ein soziales Netzwerk!

Mobbing ernährt sich aus der negativen Kommunikation. Es ist eine Einbahnstraße, die Ihr Leben in die Sackgasse führt. Erkennen Sie die Regeln des Mobbing. Mobbing von frau zu frau

- kreist um die Geltung;
- zielt auf die Vernichtung der Rivalin;
- macht nicht Halt vor Freundschaften;
- ist kein gutes Spiel;
- bedient sich aus dem Hexenkessel der Gerüchteküche.

Mobbing beginnt oft harmlos. Eine Lüge, ein Gerücht, eine Intrige bilden den Anfang. Am gravierendsten wirken sich Gerüchte aus. Sie lassen von Mensch zu Mensch alle natürlichen Schranken fallen. Erkennen Sie die Eigendynamik, die Gerüchten zugrunde liegt. Gerüchte

- sind schwer zu widerlegen;
- machen aus Ihrem Leben eine Baustelle;
- rufen Mitläuferinnen auf den Plan;
- wirken wie ein Gift;
- zersetzen Beziehungen;
- können Menschen zerstören, wenn wir das zulassen.

Mobbing treibt Frauen in die Isolation. Steuern Sie dem mit einem sozialen Netzwerk entgegen. Finden Sie anhand der digitalen und analogen Kommunikation heraus, wer erkennbar auf Ihrer Seite steht. Flechten Sie mit diesen Menschen behutsam Ihr soziales Netzwerk. Ein soziales Netzwerk

- schützt vor Mobbingattacken;
- entschärft zweideutige Situationen;
- erhält Ihre Gesundheit.

Kapitel 3

Umgang mit sich selbst und anderen Frauen

Klippen umschiffen

Weil Sie es sich wert sind, werfen Sie einen Blick auf sich selbst und auf andere Frauen! »Ich« und »die anderen« ist kein Denkfehler, sondern eine nüchterne Bestandsaufnahme, für die Sie sich mehr als nur einen Augenblick Zeit nehmen sollten. Es gibt ein schönes Sprichwort der Sioux-Indianer: »O großer Geist, bewahre mich davor, jemanden zu kritisieren und zu verurteilen, ehe ich nicht zwei Wochen seine Mokassins getragen habe.« Genau darauf kommt es an. Versuchen Sie, andere Frauen zu verstehen. Versetzen Sie sich in die andere hinein. Dann erkennen Sie, dass Sie es zwar mit dem Wesen Frau zu tun haben, dass dieses Wesen jedoch so verschieden ist wie die Blumen des Gartens. Was sehen Sie, wenn Sie sich in den Gärten umschauen? Nichts als Vielfalt: königliche Rosen, leuchtende Anemonen, weiche Wolken von Schleierkraut, kräftige Tulpen, unverwechselbare Kallas, strahlende Sonnenblumen, die Perfektion einer Lilie ... Es ist, als ob sie alle um die Wette strahlen. Tun sie aber nicht. Keine braucht die andere zu übertreffen. Jede steht für sich selbst. Und was tun Sie, wenn Sie Blumen auswählen, um sie als üppigen Strauß in eine Vase zu stellen? Sie wählen diejenigen aus, die zusammenpassen!

Genau das ist der Schlüssel, der es Ihnen erleichtert, einen professionellen Umgang mit anderen Frauen zu pflegen. Sie können sich Ihre Kolleginnen nicht selbst aussuchen, aber Sie können die Passung finden, zwischen Ihren Kolleginnen und der richtigen Umgangsform – und zwar ohne sich zu verbiegen. Sie können gleich zwei Pluspunkte verbuchen: Sie bewahren sich Ihre Freude an Ihrer Arbeit – und das Frauenteam funktioniert trotzdem! So können Sie Klippen umschiffen statt zu havarieren.

Es ist dabei übrigens unerheblich, ob Sie die Chefin oder die Kollegin sind. Sind Sie die Chefin, so erzielen Sie bessere Ergebnisse, weil Ihr Team aufs offene Meer hinaussegelt, statt den Krabbenkorb zu pflegen oder in Mobbing zu verfallen. Und das tut es ganz bestimmt, wenn Sie die Segel richtig setzen. Sind Sie die Kollegin, verwenden Sie Ihre Energie nicht darauf, andere Frauen zu ändern. Sie würden nur unnötig Ihre Energie verschwenden. Entdecken Sie den Unterschied zwischen Ihnen und den einzelnen Frauen, mit denen Sie arbeiten – und beginnen Sie mit ihnen richtig zu kommunizieren. Sie wollten lernen, wie Sie professionell mit weiblicher Konkurrenz umgehen statt unter ihr zu leiden? Ganz einfach: Kultivieren Sie Ihre positive Einstellung. Stellen Sie Ihr Licht nicht unter den Scheffel. Aber trumpfen Sie nicht auf. Sprechen Sie nicht viel, sondern einfach gut. Aber zeigen Sie den Nörglern und Besserwissern die rote Karte: »Sorry, ich stimme einfach nicht mit Ihnen überein!«

Auf Unterschiede positiv reagieren

Frau ist nicht gleich **Frau**

Frauen sind so verschieden, wie ihre genetische Disposition und ihre familiale Sozialisation verschieden ist – jenseits der entwicklungsgeschichtlichen Überbleibsel. Das heißt: Bei dem Thema Konkurrenz unter Frauen handelt es sich um ein ganzes Bündel komplexer Inhalte, die in mehreren Strängen zusammenlaufen. Das klingt nach Gordischem Knoten. Wenn Sie ihn entknoten, haben Sie freie Fahrt. Wir schauen uns deshalb zunächst den Begriff Sozialisation an. Was versteht man darunter? Unter Sozialisation versteht man den Prozess, »durch den ein Individuum, das mit einer enormen Variationsbreite von Verhaltensmöglichkeiten geboren wird, zur Ausbildung seines faktischen, weit enger begrenzten Verhaltens geführt wird – wobei die Grenzen des üblichen und akzeptablen Verhaltens durch die Normen der Gruppe, der es angehört, bestimmt werden.« Man meint damit also die soziale Prägung und Erziehung eines Menschen in der Familie, die sein späteres Verhalten bestimmt. Also seine Kindheit. Sozialisation erfolgt immer als Lernprozess. Und da gibt es in der offenen Gesellschaft nicht die eine Norm, sondern viele Variationen.

Tipp

Jede erlebt Sozialisation anders

Die möglichen Rollenzuschreibungen und Rollenerwartungen sind vielfältig: Da ist die ängstliche Mutter, die Impulse stets mit Schuldgefühlen belegt: »Mit dir hat man nichts als Aufregung! Ich will ein liebes, kein wildes Mädchen!«; der Vater, der nie anwesend ist und mit einer Tochter wenig anfangen kann: »Ich bin nicht da!« Oder: »Du bist ja bloß ein Mädchen – das kannst du sowieso nicht!«; die selbstlose, sich aufopfernde oder die dominante Mutter: »Ich meine es doch so gut mit dir!« oder: »Du machst, was ich dir sage!« oder der die Tochter stets verwöhnende Vater: »Prinzessin!« Hinzu kommt die Rangposition in der Geschwisterfolge oder eben der Status, als Einzelkind ohne Geschwister zu sein. All dieses spiegelt sich sowohl im Verhalten als auch in der Sprache, die in die Erwachsenenwelt mitgebracht werden. Die dominante Mutter sagt: »Du machst, was ich dir sage!« – Die machtbewusste Direktorin lässt keinen Zweifel aufkommen: »Ihre Stimme zählt hier nicht!«

Was bedeutet das für Sie? Das heißt: Die Bandbreite Ihres möglichen Verhaltens ist unendlich – so vielgestaltig ausformbar, wie die Gene vielfältig kombinierbar sind, die ein Mensch mitbekommen kann. Ihr tatsächliches Verhalten wird durch Ihre Gene und Ihre Sozialisation bestimmt. Die günstigste Ausprägung ergibt sich immer dann, wenn zwischen Genen und Erziehungsstil eine Passung besteht. Das heißt: Ihr Verhalten ist Ausdruck Ihrer frühkindlichen Selbsttätigkeit und Ihrer Erfahrungen mit Erfolg und Misserfolg, mit Lob, Tadel – und Strafe. Als Faustregel gilt: Je selbsttätiger und beweglicher Sie als Kind sind, desto größer sind die Risiken, mit Ihrer Umwelt in Konflikte zu geraten – desto größer ist das Regelwerk, das Ihnen verabreicht wird. Erkennen Sie, dass an dieser Nahtstelle das Prinzip des Krabbenkorbs greift? Herausragen oder besser oder anders sein, wird bestraft. Sie möchten den Korb verlassen? Stehen Sie zu Ihren Stärken und handeln Sie danach!

Schauen Sie allerdings genau hin, bevor Sie sich äußern! Was entdecken Sie, wenn Sie Ihre Kolleginnen beobachten? Das anerzogene und vorgelebte Verhalten: Da ist Susanne, die es allen recht macht –

um dazuzugehören: »Ist kein Problem, erledige ich selbstverständlich für dich!« oder: »Mache ich doch gern, obwohl ich eigentlich keine Zeit habe!« – Einige Augenblicke später: »Ich Dumme, weshalb hab ich mir das aufgebürdet?«; da gibt es Pia, die davon ausgeht, dass selbstverständlich alle nach ihrer Pfeife tanzen – andernfalls ist sie verärgert: »Sie müssten uns schon entgegenkommen, andernfalls sehe ich keine Chance, das Projekt zu verwirklichen!«; da ist die machtbewusste Katrin, die sich auf Kosten der anderen durchsetzt: »Der müssen Sie alles zeigen, sie hat von nichts eine Ahnung!« oder Malin, die gerne dirigiert – aber die Zurückweisung durch die andere fürchtet: »So können Sie das nicht machen!« – Tage später zu einer anderen Kollegin: »Corinna sagt ja gar nichts mehr. Was ist mit ihr los?«; da ist Sybille, die nichts Rechtes anpackt – weil eine andere es ihr sowieso wieder wegnimmt: »Ach nein, ich finde, das bringt sowieso nichts!« oder Marina, die nie etwas sagt, dafür aber hintenherum Unfrieden stiftet: »Solch eine Chaotin ist mir noch nicht begegnet. Die spinnt ja. Das machen wir nicht!« Oder, oder, oder. Und Sie: Wo stehen Sie zwischen all den anderen? Wie gehen Sie mit sich selbst um? Wie gehen Sie mit Ihren Kolleginnen um?

Entdecken Sie den **Unterschied**

Zunächst einmal: Unter Kolleginnen wird geheuchelt und geschmeichelt, gelogen und gemieden, ausgetrickst und verleumdet, verheimlicht und verfälscht. Frau bewertet frau, stellt sie bloß, beleidigt und verletzt sie. Das ist nun einmal so. Schlicht: Frauen überschreiten Grenzen, wenn sie mit Frauen arbeiten. Weshalb das so ist, haben wir in den vorhergehenden Kapiteln erfahren.

Wenn Sie einerseits diese Spiele nicht spielen, sich aber andererseits die Butter nicht vom Brot nehmen lassen möchten, so trainieren

Sie weiter Ihre Wahrnehmungsfähigkeit! Dass Frauen das können, beweisen sie als Mütter in ihren Familien.

Jedes Kind ist anders, jedes braucht seine spezifische Zuwendung. Bereitet Ihnen das Probleme? Nein, Sie sind durchsetzungsfähig, selbst wenn um Sie herum das große Gezeter der Rasselbande ausbricht, weil die lieben Töchter derart miteinander zanken und streiten, dass sich die Wände biegen. Da wird gekratzt, gebrüllt, geschimpft, geweint. Und Sie? Sie bewahren einen kühlen Kopf und finden automatisch die richtige Passung für Ihr jeweiliges Kind. Das gelingt Ihnen, weil Sie Ihr Kind kennen! Und wie verhält sich Ihr Kind? Es fängt sich, es lenkt ein – weil Sie den richtigen Ton treffen. Aber auch hier gilt: Manchmal ist es nötig, das Machtwort deutlich auszusprechen. Dann heißt es: Grenzen setzen, ohne zu verletzen! Das haben Sie bereits kennen gelernt!

Praxis

Auch als Single können Sie das beobachten.

Gehen Sie auf den nächstgelegenen Spielplatz und schauen Sie dem Treiben der Kinder und den verschiedenen Reaktionen der Mütter zu. Da wird gebrüllt, geknufft, geschubst, erklärt und ruhig gesprochen oder gar nicht reagiert! Am reagierenden Verhalten der Kinder wiederum können Sie erkennen, ob die Übereinstimmung von Kind- und Mütterverhalten gegeben ist oder nicht. Und: Sie erkennen, dass unterschiedliches Mütterverhalten unterschiedliches Kinderverhalten bewirkt.

Wenden Sie diese Kenntnisse einmal auf Ihren Berufsalltag an. Stellen Sie sich bewusst die Frage: Welcher Verhaltensstil ist typisch für Sie und für Ihre Kolleginnen? Die Frauen, mit denen Sie als Kollegin arbeiten, verfügen über ganz unterschiedliche Persönlichkeitsmerkmale, die Sie typischen Verhaltensstilen zuordnen können. Und das sollten Sie auch tun. Wenn Sie nämlich über einen vollkommen anderen Stil verfügen, kann es zu jenen unnötigen Reibungsverlusten kommen, die über kurz oder lang in überflüssige Eifersüchteleien abgleiten, statt in eine gelingende Zusammenarbeit zu münden. Schlimmstenfalls verzichten Sie sogar auf Ihre Möglichkeiten, bloß weil Sie nicht wissen, wie Sie mit Ihrer Kollegin professionell umgehen können.

Katrin sagt: »Ich habe einige gute Projektvorschläge, doch sobald Sybille spricht, ziehe ich meine Ideen zurück. Sybille ist derart dominant. Ich habe keine Chance gegen sie.«

So zu empfinden, ist überhaupt nicht nötig. Wenn Sie wie Katrin mit einer dominanten Kollegin arbeiten, sollten Sie detailliert vorbereitet sein und sehr methodisch vorgehen. Entwaffnen Sie Ihre Kollegin mit Logik, nicht mit lauten Worten oder schweigsamem Rückzug: »Ich möchte die Aufmerksamkeit noch einmal auf Punkt zwei Ihrer sehr interessanten Ausführungen lenken. Ich fasse noch einmal zusammen: Erstens, zweitens, drittens ... Letzten Endes empfehle ich doch ..., weil ...!« Oder: »Ich finde Ihre Ausführungen sehr interessant, doch ich gebe zu bedenken, dass ...!« Das ist überhaupt keine große Zauberei, sondern ist ganz einfach. Es gelingt Ihnen einfach so.

Also, fangen Sie an. Bereiten Sie sich vor und legen Sie los! Welche hauptsächlichen Eigenschaften Sie bei Ihren Kolleginnen beobachten können, die in das jeweilige Verhalten münden, wollen wir uns im

Folgenden anschauen. Grundsätzlich gilt: Es gibt so viele Verhaltensstile, wie es Frauen gibt. Ihre Vielzahl lässt sich aber zu einigen Hauptkategorien zusammenfassen. Für unser Thema sind sechs Typisierungen interessant. Damit Sie sich diese gut visualisieren können, werden im Folgenden sechs Frauentypen benannt und mit einem einprägsamen Oberbegriff versehen. Das sind: die Helferin, die Direktorin, die Prinzessin, die Perfektionistin, die Animatorin und das Dornröschen.

Sie kennen diese Sechs? Sie zählen zu Ihren Kolleginnen? Lassen Sie sich nicht spontan und übereilt dazu verleiten, Ihre Kolleginnen diesem idealtypischen Schema zuzuordnen. Sie sollten sich, wenn Sie mit diesem Schema arbeiten möchten, zuvor darüber im Klaren sein, dass Sie dabei andere Frauen beurteilen. Beurteilungen werden von Menschen durchgeführt. Jeder Mensch wird jedoch durch bestimmte Situationen, Gefühle, Eindrücke usw. beeinflusst. So können Fehlurteile entstehen, die bei den von Ihnen beurteilten Frauen zum Teil nicht wieder gutzumachende Reaktionen auslösen können – wenn Sie eben nicht die richtigen Schlüsse ziehen und Ihr Verhalten an den von Ihnen fehlerhaft durchgeführten Beurteilungen orientieren. Sie sollten daher die möglichen Fehlerquellen beim Beobachten und Beurteilen kennen und sich ihrer ständig bewusst sein. Wir wollen uns daher zuerst die wichtigsten Beurteilungsfehler ansehen.

Tipp

Checkliste: Beurteilungsfehler kennen und sich ihrer bewusst sein

- Beurteilungsfehler haben ihren Ursprung in der Persönlichkeit des Beurteilers. Die wichtigsten sind:
- Projektionsfehler – Sie neigen dazu, eigene Gefühle, Fähigkeiten, Absichten, Eigenschaften, Wünsche etc. in Ihre Kollegin hineinzuprojezieren bzw. Ihrer Kollegin zuzuordnen. Tipp: Läuft unbewusst und unkontrolliert ab. Seien Sie sich Ihrer Subjektivität bewusst.
- Vorurteile – Sie beobachten zwar, aber Sie werten das Beobachtete nicht hinreichend aus. Sie verallgemeinern und denken in Schablonen. Tipp: Beachten Sie stattdessen die individuelle Persönlichkeit Ihrer Kollegin.
- Sympathie und Antipathie – Sind immer mit im Spiel. Sympathie motiviert zu Leistung; Antipathie blockiert den Leistungswillen. Sie unterliegen schnell einer Beurteilungsverfälschung. Tipp: Machen Sie sich die Gefühle, die hier zugrunde liegen, bewusst.
- Der erste Eindruck – Sie schließen von äußeren Merkmalen auf die Persönlichkeit. Tipp: Bedenken Sie, dass Äußeres und Person zwei verschiedene Paar Schuhe sind.
- Der Bezugspersonen-Effekt – Sie richten Ihr Urteil bewusst oder unbewusst auf die Einstellung anderer Personen aus. Geschieht vor allem in Teams und wird oft bewusst begangen. Tipp: Lassen Sie sich nicht vereinnahmen. Wenn Sie sich allerdings nicht sicher sind, dass sie autonom werten können, verhalten Sie sich neutral.

Wenn Sie sich über diese Fehlerquellen im Klaren sind, schauen Sie sich die im Folgenden idealtypisch aufgeführten und am häufigsten auftretenden Verhaltensstile von berufstätigen Frauen genauer an. Den sechs idealtypisch gesetzten Oberbegriffen, die die einzelnen Frauentypen benennen, sind Eigenschaften zugeordnet, die diese Frauentypen beschreiben. Lesen Sie sich diese Zuordnungen in aller Ruhe durch.

Tipp

Frauentypen und ihre Eigenschaften erkennen

(nach Manning/Haddock)

Helferin	Direktorin	Prinzessin
hilfsbereit	kraftvoll	selbstbewusst
offen	lenkend	lebhaft
friedlich	selbstbewusst	machtbewusst
zurückhaltend	machtbewusst	spricht gern viel
durchsichtig	motivierend	interessiert
nachsichtig	ehrgeizig	ehrgeizig
versöhnlich	dominant	selbstsüchtig
fügsam	empfindlich	mit Ellenbogen
verträglich	verantwortungsvoll	berechnend

Perfektionistin	Animatorin	Dornröschen
diszipliniert	gesellig	verträumt
gewissenhaft	dramatisch	mäuschenstill
verlässlich	emotional	friedlich
präzise	rastlos	loyal
systematisch	verständnisvoll	ruhig
methodisch	begeistert	unauffällig
beharrlich	tonangebend	höflich
routiniert	charismatisch	sozial
loyal	freundlich	abwartend

Lesen Sie ein zweites Mal und markieren Sie jetzt diejenigen Eigenschaften, die Ihnen am besten gefallen, grün, diejenigen, die Sie am wenigsten mögen, rot. Die Zuordnungen, die Ihnen nichtssagend erscheinen, markieren Sie gelb. Die rot unterlegten Eigenschaften entsprechen denjenigen Frauentypen, die Ihnen die größten Probleme bereiten. Sie sollten also verstärkt daran arbeiten, mit diesem Typ Frau einen professionelleren Umgang zu pflegen, als Sie es bisher tun. Richten Sie Ihr Augenmerk aber auch auf die gelb markierten Zuordnungen. Es handelt sich hierbei um Frauentypen, mit denen Sie einen indifferenten Arbeitsstil pflegen. Die Potenziale, die diese Frauen einbringen könnten, sind Ihnen wahrscheinlich bisher verschlossen geblieben. Das braucht nicht so zu bleiben. Sie können diese Potenziale erschließen, wenn Sie eine bessere Passung zwischen Ihnen und diesen Kolleginnen finden. Ist alles im grünen Bereich, gibt es für Sie keinen Handlungsbedarf.

Und Sie selbst? Welchem Frauentyp entsprechen Sie? Um das herauszufinden, können Sie ein Persönlichkeitsprofil von sich erstellen. Bitten Sie ebenfalls Freunde oder Verwandte, dieses Profil aufzustellen. Das erleichtert es Ihnen, sich so objektiv wie möglich einzuschätzen.

Praxis

Persönlichkeitsprofil erstellen

	sehr	etwas	weder noch	etwas	sehr	
dominant						kooperativ
selbstsüchtig						hilfsbereit
emotional						professionell
präzise						ungenau
interessiert						desinteressiert
loyal						unkollegial
höflich						unhöflich
friedlich						streitsüchtig
beharrlich						faul
schnell						langsam
lebhaft						ruhig
charismatisch						mäuschenstill
zuverlässig						unzuverlässig
machtbewusst						integrativ
motivierend						demotivierend

In dieser Tabelle kreuzen Sie und Ihre Partner Ihre Eigenschaften in der jeweiligen Ausprägung an und verbinden Sie mit einer Linie. Sie erhalten so Ihr Profil. Günstig wäre, wenn Ihre Selbstwahrnehmung mit der Fremdwahrnehmung weitgehend übereinstimmt. Trifft das nicht zu, arbeiten Sie an sich und Ihrer Fremdwahrnehmung. Denn auch für Sie gilt: Seien Sie sich bewusst, dass die Beurteilungsfehler, die Sie kennen gelernt haben, auch von Ihren Kolleginnen begangen werden, wenn diese mit Ihnen arbeiten. Achten Sie also auf Ihr Profil! Rufen Sie nicht den Neid der anderen hervor!

Fassen wir zusammen: Je nach genetischer Disposition, Sozialisation und Umwelt kommt es zu verschiedenen Ausprägungen der Persönlichkeit, die für Sie durch die gelisteten Eigenschaften sichtbar werden. Arbeiten nun höchst unterschiedlich veranlagte Frauen miteinander, bleibt es nicht aus, dass frau Probleme mit frau geradezu provoziert. Wenn Sie zum Beispiel als begeisterte Animatorin die systematische Perfektionistin für ein gemeinsames Ziel gewinnen möchten, kann das schwierig werden, weil die Perfektionistin Ihnen als Animatorin gegenüber höchst reserviert auftreten wird. Wenn Sie sich hinreißen lassen, mit Ihrem emotional vorgetragenen Enthusiasmus aufzutrumpfen, beißen Sie bei ihr höchstwahrscheinlich auf Granit. Verkörpern Sie die machtbewusste Prinzessin, laufen Sie Gefahr, mit der ebenfalls machtbewussten Direktorin aneinander zu geraten, weil Sie und die Direktorin sich gleichermaßen durchsetzen möchten. Sie sehen, es gibt viele Möglichkeiten, in alle erdenklichen Fettnäpfe zu treten und Streit heraufzubeschwören. Bevor wir uns ansehen wollen, wie Sie die richtige Passung zwischen frau und der richtigen Umgangsform finden, bleiben zwei Kriterien, die Sie für sich klären sollten: Was ist Ihnen wichtiger? Erfolg oder Harmonie?

Erfolg oder **Harmonie**: Wissen Sie wirklich, was Sie wollen?

Wussten Sie, dass Sie als berufstätige Frau im Brennpunkt zweier Rollen stehen? Sie verfügen als Frau über ein weibliches Denkmodell, das von dem männlichen verschieden ist. Im Zentrum des weiblichen Denkens stehen Begriffe wie Verantwortung und Fürsorge für andere. Im Zentrum des männlichen Denkens hingegen stehen Begriffe wie individuelle Rechte und Ansprüche. Das sind zwei gleichwertige, aber eben auch zwei verschiedene menschliche Rationalitäten. Nach dem männlich-patriarchalischen Prinzip ist die Arbeitswelt strukturiert, und es beschreibt im Kern auch das Konkurrenzprinzip.

Bringen Sie als Frau ausschließlich Ihr weibliches Denkmodell zur Arbeit mit, haben Sie ein Problem – selbst wenn Sie mit Frauen arbeiten. Sie agieren zu weiblich. Viele Frauen streben nach Harmonie, wenn sie miteinander arbeiten. Wie wir gesehen haben, ist ein solches Harmoniestreben vielfältigsten Belastungen ausgesetzt. Kommt es zu Konflikten zwischen den Konkurrenzansprüchen verschiedener Frauen, neigen Frauen dazu, in den Hennenkampf zu verfallen. Das aber ist nicht die passende Form für eine gelingende Konkurrenz. Das ist auch nicht die richtige Form, gut mit sich selbst umzugehen. Lernen Sie lieber, zwischen Ihrem privaten weiblichen Denkmodell und Ihrem professionellen Denken im Job zu unterscheiden. Sie brauchen sich nicht vollkommen dem männlichen Verhalten anzupassen. Es ist aber sehr hilfreich, wenn Sie sich mit diesem spezifisch anderen System auseinander setzen. Denn: Erst durch die Annäherung an dieses System wird es Ihnen leicht fallen, Erfolg oder Harmonie nicht als zwei sich ausschließende Alternativen zu begreifen, sondern diese beiden wichtigen, aber eben konträren Kompetenzen auszubalancieren.

Denn: Sobald Sie als Chefin Ihre Mitarbeiterinnen führen statt mit Ihnen nach Harmonie zu streben, stellt sich die gewünschte Harmonie von selbst ein. Sie haben Ihr Unternehmen, Ihre Abteilung, Ihr Frauenteam im Griff – und alle finden es gut. Dies fällt Ihnen schwerer, wenn Sie Kollegin unter gleichrangigen Kolleginnen sind. Wie wir gesehen haben, kann frau die Anerkennung von frau nicht erkämpfen. Aber: Sie können lernen zu verstehen, wie frau tickt. Stellen Sie sich darauf ein! Und das mit der Anerkennung hatten wir bereits geklärt!

Professionalität schließt Harmonie mit ein

Wie also sehen das weibliche und männliche Denkmodell in Bezug auf die Arbeitswelt genau aus? Wir wollen uns das im Folgenden an dem Begriff Kompetenzunterschied einmal verdeutlichen. Im Kern gründet sich dieser Kompetenzunterschied in den jeweiligen Moralentwicklungen von Frauen und Männern. Schauen wir uns diese Gegenüberstellung einmal an. Denn genau darum geht es, wenn Sie bei dem Thema Konkurrenz mit anderen Frauen im beruflichen Alltag die richtige Passung finden möchten.

Praxis

Unterschiede im männlichen und weiblichen Denken erkennen
(nach Gilligan/Kohlberg)

Denkmodell	Männlich	Weiblich
Fokus	Individuelle Rechte und Ansprüche	Verantwortung und Fürsorge für andere
Gestalt	Selbst	Beziehung
Moralische Instanz	Schiedsrichter, distanziert	Beteiligte, betroffen
Begriffe	Gleichheit – Ungleichheit	Bindung – Trennung
Beziehungen	Hierarchie, Gleichgewicht	Netzwerke, Gewebe
Reife	Autonomie unabhängiger Individuen	Gleiches Recht aller auf Unverletzlichkeit, Verbundenheit

Sie erkennen Folgendes: Das männliche Denkmodell ist erfolgsorientiert, das weibliche strebt nach Harmonie. Stellen Sie die Harmonie über den Erfolg, das zeigen diese Gegensätze, bringen Sie sich selbst um Ihren verdienten Erfolg. Ihre lobenswerte Moralentwicklung hindert Sie daran, sich gegenüber Ihren Kolleginnen zu behaupten. Bei genauer Betrachtung erweist sich das männliche Denkmodell im Vergleich zu Ihrem weiblichen Ansatz als egoistischer. Verzichten Sie aber auf das gewisse egoistische Etwas, das Konkurrenz immer enthält, fehlt Ihrem Kleidungsstück schlicht das Futter. Also, unterfüttern Sie Ihr Kleid. Was können Sie ändern?

Luisa sagt: »Ich hatte anfangs Probleme mit meinen Mitarbeiterinnen, weil ich sie an der langen Leine laufen ließ. Sie aber achten darauf, ob ich führe, ob ich Fehler ahnde oder nicht. Ich habe mich in dieser ganzen Zeit nicht sehr wohl gefühlt. Inzwischen weiß ich, dass ich präsent sein und hart durchgreifen muss. Klare Vorgaben zu machen und berechenbar zu sein, sind für mich heute selbstverständlich. Jetzt habe ich Erfolg und Harmonie im Team.«

Luisas Erfahrungen zeigen Ihnen, dass es sinnvoll ist, Ihr eigenes Selbst in den Vordergrund zu stellen, nicht die harmonische Beziehung zu Ihren Mitarbeiterinnen. Sie sind nicht Beteiligte, sondern die distanzierte Chefin, die Ansprüche des Unternehmens durchsetzt. Das Unternehmen, das Sie führen, die Abteilung, die Sie leiten usw. erfordern genau dieses und nichts anderes. Das bedeutet allerdings nicht, dass Sie Ihre weiblichen Kompetenzen über Bord werfen müssten. Im Gegenteil: Wenn Sie der männlichen Logik von individuellen Rechten und Ansprüchen folgen, gelingt es Ihnen, Ihr lobenswertes Verständnis von Verantwortung und Fürsorge für andere über die Akzeptanz von Gleichheit – Ungleichheit sowie Hierarchie – Gleichgewicht in den weiblichen Scheitelpunkt der Reife, nämlich in das Recht aller auf Unverletzlichkeit und Verbundenheit mit anderen, zu transportieren. Wenn Sie das Wort Hierarchie nicht mögen, ersetzen Sie es durch den Begriff Funktion.

Anstelle von Verbundenheit setzen Sie den Begriff Kooperation ein. Wir befinden uns in Zeiten, in denen immer mehr die Verantwortung des einzelnen Menschen gefragt wird. Die Hierarchien lösen nicht mehr alle Probleme. Kooperation kommt diesen Veränderungen am meisten entgegen. Sie möchten fit sein für die Zukunft? Dann kooperieren Sie!

AUF KOOPERATION SETZEN

Es ist für Sie nicht wichtig, mit anderen Frauen in fürsorglicher Verbundenheit zu arbeiten – das bringt bloß diesen »Beziehungshickhack« ins Spiel. Sie können privat durch vielfältigste Kontakte mit anderen Frauen verbunden sein. Für Ihren Beruf ist die Kooperation die eindeutig bessere Strategie. Sie lässt Raum für klare Worte, deutliche Signale, gute Ideen. Denn: Kooperation ist frei von Überfürsorglichkeit, die jede Motivation und Selbsttätigkeit bereits im Keim erstickt. Kooperation achtet die Persönlichkeit des Menschen. Sie ist also frei von falschem Machtanspruch. Kooperation ist die weibliche Stärke schlechthin! Setzen Sie auf diese Stärke. Wie vollzieht sich Kooperation? Kooperation geschieht über die Kommunikation. Sie haben in den vorhergehenden Kapiteln bereits viel über die Spielregeln der Kommunikation erfahren. Wenden Sie Ihre Kenntnisse an! Verwirklichen Sie Ihren lobenswerten weiblichen Anspruch auf das Recht aller auf Unverletzlichkeit mit einer guten Kommunikation!

Das heißt: Setzen Sie Ihre Sprache überlegt, gezielt und berechenbar ein. Achten Sie sensibel auf die Reaktionen Ihrer Kollegin. Wenn Sie bei ihr Irritationen bemerken oder auf Widerstand stoßen, ist Ihr Ansatz noch nicht professionell. Fragen Sie sich: »Weshalb ist sie plötzlich so verärgert, verletzt ...?«

Durch Kooperation wird Wetteifer keineswegs aufgelöst, sondern so transformiert, dass sich das Rivalitätspotenzial in einen partnerorientierten Leistungswillen umwandelt. Sind Sie die Chefin, gelingt es Ihnen leicht, eine motivierende Arbeitsebene herzustellen – obwohl oder gerade weil Sie die Chefin sind. Seien Sie sich aber immer darüber im Klaren, dass Sie Autorität nicht kraft Ihres Amtes besitzen, sondern kraft Ihrer Persönlichkeit. Der Chefsessel macht aus Ihnen nicht automatisch eine gute Chefin. Sie sind aber eine gute Chefin, wenn Sie nicht nur Format haben, sondern es auch leben. Sind Sie die Kollegin, gestaltet sich der kooperative Ansatz etwas schwieriger, da Sie nicht über die notwendigen Instrumente verfügen, mit deren Hilfe diese Arbeitsebene ausbalanciert werden kann. Lassen Sie sich dennoch nicht entmutigen: Es gelingt Ihnen! Suchen Sie nach der Passung zwischen frau und der richtigen Umgangsform!

Tipp

Kooperation führt zum Erfolg

- Kooperierende arbeiten sachlich, nicht formal;
- Kooperierende pflegen den Ideenaustausch, nicht die Beliebtheit;
- Kooperierende begreifen sich als Partnerinnen, nicht als Gegnerinnen und haben weniger Probleme mit der Kommunikation;
- Kooperierende verteilen verschiedene Funktionen auf verschiedene Frauen;
- Kooperation bildet gegenüber dem Rivalitätsprinzip positive Gefühle aus: Achtung anstelle von Neid, Verbundenheit anstelle von Distanz etc.;
- Kooperation hilft, das Rivalitätsprinzip zu überwinden;

Kooperation erzielt gute Ergebnisse.

Finden Sie die Passung zwischen frau und der richtigen Umgangsform

Jede Frau hat ihre individuellen Stärken und Schwächen. Als Chefin möchten Sie das Potenzial Ihrer Mitarbeiterinnen so einsetzen, dass die Arbeit bestmöglich und reibungslos verläuft. Es versteht sich für Sie von selbst, dass Sie erkennen, welche Aufgaben am besten dem persönlichen Potenzial Ihrer Mitarbeiterinnen entsprechen. Es macht keinen Sinn, den Blinden auf Ausguck und den Tauben auf Horchposten zu stellen. Als Kollegin möchten Sie mit anderen Frauen kooperieren statt zu rivalisieren.

Die Kooperation – in Kombination mit der richtigen Kommunikation – gelingt Ihnen am besten, wenn Sie sich die Stärken und Schwächen Ihrer Kolleginnen bewusst machen. Die Eigenschaften der idealtypisch formulierten sechs Frauentypen geben Ihnen wichtige Anhaltspunkte, mit deren Hilfe Sie weiterarbeiten können. Sie können sich anhand dieser Eigenschaften wichtige Merkmale berufstätiger Frauen selbst erschließen. Diese Verhaltensmuster sind Ihr Schlüssel, mit dem Sie die individuellen Stärken und Schwächen aufschließen können, die die verschiedenen Frauen zur Arbeit mitbringen. Das wollen wir uns am Beispiel der Prinzessin ansehen. Lesen Sie sich ihre Eigenheiten in aller Ruhe durch.

Praxis

Die Prinzessin

- schätzt Beliebtheit und Status
- steht gern im Mittelpunkt
- will auf jeden Fall gewinnen
- setzt ihre sprachlichen Fähigkeiten geschickt ein
- kann andere begeistern und mitreißen
- langweilt sich schnell
- kann sich positiv darstellen
- ist empfindlich
- arbeitet zielorientiert
- will sich von Kleinkram freispielen

Sie können nun ähnliche Muster für die Eigenheiten der weiblichen Verhaltenstypen, die Sie kennen gelernt haben, selbst erstellen.

Praxis

Frauentypen und ihre Eigenheiten beschreiben

Helferin

Direktorin

Perfektionistin

Animatorin

Dornröschen

Nachdem Sie sich mit den verschiedenen Frauentypen auseinander gesetzt haben, verstehen Sie immer besser, weshalb sich verschiedene Frauen so unterschiedlich verhalten. Das ist gut, denn es schärft Ihr Bewusstsein. Schauen wir uns das am Beispiel »Prinzessin« genauer an. Der Prinzessin werden als Eigenheiten ihres Verhaltens »ist interessiert«, »steht gern im Mittelpunkt« und »will auf jeden Fall gewinnen« zugeschrieben. Was bedeutet das für Sie?

DIE PRINZESSIN FÜR SICH GEWINNEN

Für Sie als Chefin bedeutet das, dass Sie ihr eine interessante Aufgabe zuordnen können. Für Sie als Kollegin bedeutet das, dass Sie mit ihr eine Menge Probleme haben oder sie für Ihre Ziele gewinnen können. Die Eigenheiten signalisieren:»Störe meine Kreise nicht«. Wie aber arbeiten Sie mit ihr, wenn Sie ihre Kreise aufgrund Ihrer Funktion berühren? Sie brauchen ihre Kreise nicht zu stören. Das Wort »berühren« drückt bereits die geeignetere Passung aus. Gewinnen Sie die Prinzessin für Ihre Ziele, indem Sie ihr wohl dosiert das Bonbon geben, das sie schätzt. Das ist viel eleganter.

Wenn die Prinzessin zum Beispiel Orangenbonbons mehr liebt als Zitrone, dann legen Sie sich eine ganze Packung davon zu. Es wäre ungeschickt, ihr mit Zitronenbonbons zu kommen. Diese Metapher hilft Ihnen zu erkennen, wie Sie Ihr Ziel erreichen. Sie möchten sich nicht anbiedern? Das hat nichts mit anbiedern zu tun. Es ist nichts anderes als professionelle Mitarbeiterführung. Sie setzen gezielt ihre Stärken ein. Ihre Kollegin ist motiviert und konzentriert sich auf ihr Können. Sie tut es gern – und Sie erreichen die Zielvorgaben. Es gibt keine Verliererin. Es gibt zwei oder mehr Gewinnerinnen. Man nennt dieses Verfahren deshalb die »Jeder-Gewinnt-Methode«. Die »Jeder-Gewinnt-Methode« ist ein Instrument, mit dessen Hilfe Sie kooperativ arbeiten können. Wie geht das?

Sie folgen den Sacherfordernissen Ihres Unternehmens oder Ihrer Aufgabenstellung und Sie füllen Ihre Funktion aus. Damit sich der »Beziehungshickhack« nicht einstellt, ist also auch Ihre soziale Kompetenz gefordert. Das ist Ihr Fingerspitzengefühl im Umgang mit Ihren Kolleginnen. Ihre soziale Kompetenz ergänzt Ihre Fachkompetenz. Mit der »Jeder-Gewinnt-Methode« bewältigen Sie den Spagat zwischen diesen beiden Arbeitsbereichen. Je besser Sie die Bedürfnisse und Fähigkeiten Ihrer Kolleginnen kennen, desto besser ist die Passung zwischen Ihnen und anderen Frauen, desto größer sind die Chancen, dass es tatsächlich nur Gewinnerinnen gibt, desto besser sind das Betriebsklima und die Arbeitsresultate – desto wohler fühlen Sie sich selbst. Wenn Sie nach der »Jeder-Gewinnt-Methode« arbeiten möchten, können Sie sich von W-Frageworten leiten lassen. Die passenden Frageworte lauten: Was? – wie? – womit? – wozu? Sie können das gezielt trainieren. Legen Sie los!

Praxis

Eigenheiten erkennen und Konzept erstellen

Name	Eigenheit	Konzept erstellen
Petra	• liebt Herausforderungen	• kreative Aufgaben stellen • Ideen anhören • in Entscheidungsprozesse einbeziehen

Sie brauchen das nicht gleich für alle Ihrer Kolleginnen zu tun. Beginnen Sie mit den Problemfällen. Erstellen Sie für sie ein solches Konzept, das für Sie eine gute Handreichung ist, um künftig mit Ihrer problematischen Kollegin besser zusammenzuarbeiten. Mit diesem Konzept haben Sie das Was? und Wozu? berücksichtigt. Das ist bereits die Hälfte der Wegstrecke, die Sie zurücklegen möchten. Doch das beste Konzept hilft Ihnen nicht, wenn Sie es nicht richtig umsetzen. Das schaffen Sie mit der richtigen Kommunikation. Es klärt die Wie – Frage. Trainieren Sie also weiter die verbalen und nonverbalen Anteile Ihrer Kommunikation im Umgang mit Ihren Kolleginnen. Ergänzen Sie Ihr Konzept! Das Womit ergibt sich von selbst.

Praxis

Kommunikatives Konzept für Petra

Verbal

- »Ich sehe, dass Sie sich sehr für ... interessieren!«
- »Wir entwickeln ein dynamisches Konzept über ...«
- »Ich schätze Ihre Ideen!«
- »Möchten Sie für unsere Arbeitsgruppe ... entwerfen?«
- »Wie denken Sie darüber?«
- »Die Arbeitsgruppe kommt in einer Woche zusammen. Sie könnten dort Ihr Konzept vorstellen und mit uns darüber diskutieren!«
- »Ich freue mich, dass wir ein ... von Ihnen präsentieren werden.«

Nonverbal

- aufgeschlossene Haltung
- ruhige Bewegungen
- freundliches Gesicht
- interessierte Augen und offener Blick
- wohlklingende Stimme

Sie verfügen jetzt über die wichtigsten Techniken, um mit Ihren Kolleginnen einen professionellen Umgang zu pflegen. Bedenken Sie aber: Konzepte sind statisch, Menschen sind dynamisch. Steigen Sie aus Ihrem Entwurf aus, sobald Sie feststellen, dass er situativ nicht passend ist. Bleiben Sie flexibel. Reagieren Sie auf Ihr Gegenüber. Beachten Sie, dass sich Frauen im Team anders verhalten als im Einzelgespräch. Im Folgenden wollen wir uns an ausgewählten Beispielen ansehen, wie Sie die individuellen Möglichkeiten und Fähigkeiten Ihrer Kolleginnen sicher und souverän einsetzen – und gut mit sich selbst umgehen!

Die Helferin **loben**

Sie haben das Gefühl, dass Sie es mit einem Haufen Primadonnen zu tun haben? Der Liebeszauber knackt sie alle. Von der Prinzessin über die Direktorin bis hin zu Dornröschen – es gibt keine Frau, mit der Sie nicht zurechtkommen könnten. Ihre Formel lautet: »Höre nie auf anzufangen und fange nie an aufzuhören!« So sieht Ihr Job sowieso aus? Sie starten knackig in den Tag, kennen keine don'ts, sind schon fertig, bevor die anderen anfangen? Kein Problem? Doch, Sie haben ein Problem. Ihr Problem ist Ihre liebe Kollegin. Sie ist nämlich keine Primadonna, sondern einfach nur lieb und nett. Ihr Problem lautet: »Wie sag ich's ihr?«

> Sandra: »Sie ist so hilfsbereit, obwohl ich ihre vielen kleinen Aufmerksamkeiten, mit denen sie meinen Schreibtisch füttert, gar nicht gebrauchen kann. Wie sag ich's ihr? In Zeiten wie diesen habe ich einfach keinen Nerv für lange Gespräche.«

Wer sagt denn, dass Sie lange Gespräche führen sollen? Pflegen Sie keine langen Talks, sondern Quicks. Wie war das noch gleich mit der Helferin? Sie schätzt nun mal die enge Beziehung, identifiziert sich aber gern mit der Firma und ist sehr loyal. Das ist doch eine ganze Menge. Denken Sie nicht: »In Zeiten wie diesen ...!«, sondern: »Jetzt erst recht!«. Es geht nicht um das Problem, sondern um die Lösung. Und da starten Sie jetzt mal durch. Starten Sie Ihr Notfallprogramm: »Wie kann ich ihr helfen, dass sie nicht mehr stört?« Sie lenken ihre Hilfsaktionen in eine Richtung, die Ihre Arbeit nicht belastet, sondern ihr gut tut. Added value ist besser als unpässliche Zeiträuber. Es ist ihre Stärke zu helfen. Dafür loben Sie sie. Sie haben keine Zeit? Für ein anerkennendes Wort und ein zustimmendes Lächeln reicht die Zeit immer. Sagen Sie ihr: »Auch wenn ich keine Zeit für viele Worte habe – Dank Ihnen, Frau ...!« Das ist viel effektiver, als die Luft anzuhalten, die Stirn in Falten zu legen oder spitze Bemerkungen zu platzieren, finden Sie nicht? Zu einem besonderen Anlass, einmal im Jahr, finden Sie vielleicht Zeit für Sie. Wie wär's mit einem Blumenstrauß und einigen persönlich gehaltenen Zeilen, in denen Sie sich für ihre Arbeit bedanken und bestimmte Ereignisse, Projekte oder Vorkommnisse erwähnen, zu denen die Helferin positiv beigetragen hat? Wenn Sie wirklich keine Zeit haben, geben Sie ihr Feedback mit einer Mail. Und sagen Sie: »Blumen für Sie!«

Die **Direktorin** in die **Verantwortung** nehmen

»Ich, Tarzan!« Die Direktorin liebt den Chefsessel. Nur – Ihre machtbewusste Kollegin sitzt nicht auf diesem Stuhl? Dafür spielt sie umso kraftvoller die Dschungelheldin? Sie hören Sie, bevor Sie sie sehen? Sie ist ganz einfach nicht zu überhören!

> Birgit arbeitet in der Einkaufsabteilung eines Solarherstellers. Birgit: »Sie raubt mir jede Motivation! Sie engt mich ein! Ich reagiere mit Blockaden, sobald sie im Türrahmen steht.«

Das ist gar nicht nötig. Ab sofort lautet Ihre Devise: »Denk mal wieder!« Die Direktorin ist speziell. Aber sie hat auch was. Sie liebt das Risiko, mag nicht kontrolliert werden, ist entschlussfreudig, schätzt alles, was ihr Prestige steigert. Sie setzt sich durch – auch auf Kosten anderer. Zähmen Sie die Direktorin mit ihren eigenen Waffen: »Ich liebe Risiken! Wer keine Risiken eingeht, kommt nicht weiter!« Es ist ihr geflügeltes Wort. Also: Geben Sie Gas. Geben Sie ihr das, was sie braucht. Sie fühlt sich wichtig. Geben Sie ihr das Gefühl, dass sie wichtig ist! Geben Sie ihr ein Stück Verantwortung. Sie arbeiten in der Einkaufsabteilung? Es gibt viel zu verhandeln? Knallharte Fakten, Preise drücken, Abschlüsse wasserdicht machen? Lassen Sie die Direktorin ran. Nehmen Sie sie mit ins Boot: »Sie haben Verhandlungsgeschick! Wir benötigen ein neues Preissystem für ...! Können Sie das ... bis ... durchsetzen?« Bei der nächsten Besprechung bitten Sie die Direktorin, ihr Konzept vorzustellen.

Die Prinzessin bewundern

Ärger macht alt und hässlich. Sie ärgern sich insgeheim über die Prinzessin, weil sie wieder mal die erste Geige spielt? Heiße Luft um die Ecke schaufelt? Das ist natürlich nicht die richtige Art, mit sich selbst umzugehen. Wo ist das Problem? Sagen Sie sich lieber: »Älter werde ich später!« Und: »Mit Honig fängt man mehr Bienen!« Und was die Prinzessin betrifft: »Sie mag Orange, nicht Zitrone!«

Birte leitet als freie Grafikerin eine eigene Agentur. Sie beschäftigt drei Angestellte – alle sind Frauen. Eine ist die Prinzessin. Die Auftragslage ihrer Agentur ist gut. Birte möchte expandieren. Sie kontaktiert einen Automobilkonzern, für den sie die Werbung machen will. Die Bosse dort sind sehr interessiert. Der Termin für das Erstgespräch steht.

Wenn Sie wie Birte den Vertrag unter Dach und Fach kriegen wollen, nehmen Sie die Prinzessin mit. Weshalb? Weil sie wirkt. Weil die Prinzessin perlende Bonmots aus dem Ärmel schüttelt. Weil sie in der Selbstdarstellung geschickt ist. Und was wirkt, kommt an. Sagen Sie ihr: »Ihre spritzig-frechen Ideen gefallen mir. Hätten Sie Lust, an der Imagekampagne für ... mitzuarbeiten? Das könnte ein großer Fisch für uns werden! – Wollen Sie?« Vor Ort: Sie ziehen die Präsentation aus der Tasche, haben alle wichtigen Details im Kopf, Alternativen präsent. Sie pflegen den Business-Stil. Die Prinzessin brilliert dazu mit ihrer Geige. Sie spielen Duett. Teamwork von zwei Solistinnen. Takt für Takt. »Unser Lied!« Die Bosse fliegen drauf. Sie kriegen den Auftrag. Sie lohnt sich, diese Gratwanderung zwischen Individualität einerseits und gemeinsamer Sache andererseits. Wobei Ihnen klar ist: Ersteres ordnet sich im Zweifelsfall Letzterem unter. Keine spielt für sich allein. Es geht ums große Ganze. Es ist kein Kinderspiel, diese Saite zum Klingen zu bringen. Es funktioniert aber. Versuchen Sie's.

Der **Perfektionistin** anspruchsvolle Ziele setzen

Maren strapaziert die Herzen ihrer Kolleginnen mehr, als üblich ist. Nichts bleibt ohne ihren bissigen Kommentar. Ihre größte Schwäche ist, dass sie alles gleich in Frage stellt. Sie sind es leid, als amorphe Lady ohne Kreativpotenzial angemacht zu werden? Sie spüren, wie Ihre Verärgerung in Ihnen hochsteigt? Sie wollen laut werden? Sorry – Maren hat was Anderes verdient. Außerdem: Getting loud ist out! Überlegen Sie lieber, was Maren leisten kann. Mal ehrlich: Sie hat was drauf. Nicht umsonst genießt sie den Ruf als kühle Rechnerin. Präzise, diszipliniert, methodisch ... Ist doch eigentlich eine Klasse für sich – oder? Und das in einer Steuerberatungsgesellschaft!

Sie lieben Ihren Job, selbst an den allerschlimmsten Tagen? Selbst wenn Maren auf Verriss gebürstet ist? Gut so. Sie können mit Maren richtig gutes Geld einspielen. Weshalb verschleudern Sie ihre Potenziale? Maren ist Ihr bestes Pferd im Stall. Welcher Pferdebesitzer käme schon auf die Idee, sein bestes Pferd zu vernachlässigen. Er hegt und pflegt es, gibt ihm den besten Hafer – und schickt es ins Rennen. Machen Sie einen Schnitt. Ihre Losung heißt nicht »getting loud«, sondern »speaking clearly«. Werfen Sie einen Blick auf die Eigenschaften, die die Perfektionistin für Sie unentbehrlich macht. Sie besitzt die Gabe, Wichtiges von Unwichtigem zu trennen. Das ist schlicht die Grundvoraussetzung für einen Job, bei dem es um Liquidität, Liquidationsfehlbetrag, Nettoumlaufvermögen und mehr geht. Auf Ihrem Tisch liegt ein Sanierungskonzept? Sie stellen ein Team zusammen, welches das Konzept innerhalb von zwei Tagen auseinander nimmt, auf Herz und Nieren überprüft, auf seine Relevanz abklopft? Die Perfektionistin ist genau die Richtige für Sie. Sie gehört ins Team. Und zwar schnellstmöglich. Sie gehen zu ihr, legen ihr das Konzept auf den Tisch, bieten Ihren ganzen Charme auf und sagen:

»Wir haben den Sanierungsfall XY. Analysieren Sie das Sicherungskonzept. Sie haben zwei Tage Zeit – ich finde, Sie mit Ihrem Know-how sind dafür genau die Richtige!« Klasse.

Die Animatorin **anerkennen**

Daniela ist das »Show-Girl« der Firma. Je wilder sich ihre blonden Locken ringeln, desto überschwänglicher ist ihre Laune. Sie denken: »Nein, nicht sie! Nicht die Animatorin!« Denn Sie haben jetzt wahrlich andere Sorgen. Ihr Laptop spinnt. Ein Absturz nach dem anderen. Und das eine Stunde vor der Präsentation. Großes Drama. Daniela: »Lass mal sehen!« Sie seufzen still in sich hinein. Ihre Uhr zeigt Ihnen, dass Sie nur mehr 15 Minuten haben – dann Bühne frei, Spot an. Sie in der Hauptrolle. Die überschwängliche Daniela sagt ausnahmsweise gar nichts mehr. Sie macht sich an Ihrem Laptop zu schaffen. Sie trauen Ihren Augen nicht. Daniela und IT? Für alle Fälle: Sie überlegen sich schon mal, wie Sie das gleich machen – die Präsentation an den Mann zu bringen, ohne Laptop! Daniela: »Ich hab's. Dein Laptop ist o.k.!« Sie schnappen sich das gute Stück. »Dank dir, wir sehen uns später!« Rein in die Manege namens Konferenzraum. Bühne frei, Vorhang auf! Sie laufen zur Hochform auf. Das soll Ihnen mal eine nachmachen! Und Daniela?

Daniela ist bis dato einfach nicht Ihr Typ gewesen? Viel zu enthusiastisch, impulsiv und emotionell? Diese Spaßnummer ist einfach nicht Ihr Ding? Das mit dem Laptop haben Sie ihr nicht zugetraut. Hat sie aber super hinbekommen. Sie gehen zu ihr: »Lust auf Gäste? Ich koche für dich – und sie. Überleg's dir!« Daniela, ganz ihre Art, sprudelt los. Sie hören zu. Zum ersten Mal hören Sie wirklich zu. Ein paar Tage später, während eines Meetings mit anderen Frauen aus der Abteilung, erzählen Sie, dass Daniela ungeahnte Fähigkeiten im IT-Bereich hat. Was glauben Sie? Hat die Animatorin bei Ihnen oder Sie bei ihr einen Stein im Brett? Diese Redewendung geht übrigens auf das Tricktrackspiel zurück. Es kommt darauf an, die Spielsteine gut auf dem Brett zu platzieren. Wer einen (guten) Stein im Brett hat, hat Aussichten auf Erfolg!

Dornröschen mit Herausforderung aus der Reserve locken

Isabell platzt der Kragen. Ihre Frustrationstoleranz im Umgang mit anderen Menschen ist nicht niedrig, sondern extrem hoch. Aber bei Dornröschen ist selbst sie mit ihrem Business-Talk am Ende: »Sie tut, als ob sie schläft!« Dornröschen ist mäuschenstill. Und weil sie sich auch noch gerne grau kleidet, ist sie nicht nur still, sondern einfach eine graue Maus.

Sie haben auch so eine Kollegin? Ihnen wächst die Arbeit über den Kopf, Sie bräuchten dringend eine neue qualifizierte Mitarbeiterin, aber Ihr Unternehmen fährt strikten Sparkurs? Es geht Ihnen genauso wie Isabell? Dann schauen Sie einmal genauer hin. Der Anzug, den Ihr Dornröschen trägt, ist nicht von fadem Grau; er ist einsame Spitze. Sie tut auch nicht, als ob sie schlafe. Sie pflegt lediglich die Resignation. Wie war das doch gleich mit Dornröschen? Wartete sie nicht auf den Prinzen, der sie aus ihrem Schlaf erweckte? Im Märchen. Ihr Dornröschen wartet auf etwas anderes. Weshalb wollen Sie eine neue Mitarbeiterin? Versuchen Sie es doch bei Dornröschen mit »mehr« statt mit »weniger«! Ihre letzte Fehlinvestition? Aktien eines russischen Energieversorgers? Katastrophen – Meldungen aus Fernost? Was haben Sie als Global Chief Investment Managerin dann dagegen, ihr den chinesischen Markt zu offerieren? Mit einer leichtsinnig dahingeworfenen Äußerung brauchen Sie ihr aber nicht zu kommen. Starten Sie ein paar Warm-up's und dann legen Sie los. Wie wär's mit: »In unserer Epoche fliegen die Engel als UFO herum! Wollen Sie?« Oder: »Facts, News, Trends ... Ihre Mission – übernehmen Sie ...!« Messlatte: hochprozentig. Kommt besser an als cooler Zynismus: »Vorsicht, wenn Sie weiterhin so viel arbeiten, kriegen Sie noch 'ne Glatze!« Ihr Dornröschen lässt garantiert die Augen zu.

Zugegeben, nicht jedes Unternehmen läuft auf diesem oder ähnlichem Niveau. Doch wenn frau auf Tauchstation geht, ist das eine klare Sache. Da gibt's nur eins: Herausforderung gegen den Resignations-Blues! Was Sie und Dornröschen davon haben? Sie relaxen, statt sich die Haare zu raufen und Dornröschen schlägt die Augen wieder auf. Das ist entschieden besser, als die Zornesfalte zu vertiefen.

Wenn es trotzdem **kracht**

Maßgeschneiderte Konzepte – kein Problem. Aber haben Sie auch einen Joker, wenn es trotzdem kracht? Denn das tut es irgendwann ganz bestimmt. Sie treffen vielleicht den richtigen Ton, doch Ihre Kollegin lässt Sie kalt im Regen stehen, weil sie einfach nicht will. Oder weil sie die Spielregeln nicht kennt. Oder weil sie mit dem falschen Fuß zuerst aufgestanden ist, der Rollladen klemmt, das Auto streikt oder die Frisur lahm hängt. Ausgerechnet dann kommen Sie. Sie sprechen über sinkende Auftragszahlen, über die kritische Marktsituation, schmale Budgets, steigende Kosten. Sie monieren, dass die Produktion schlecht läuft, die Fehlerteufel im Detail stecken und im Service noch mehr herauszuholen ist: »Mehr ist möglich!« Das klingt nach Stress. Das bringt die Gemüter zum Erhitzen. Die Emotionen kochen über: »Wir rennen uns die Füße wund, was denn sonst noch?« Kurzum, frau reagiert spontan. Und wenn frau spontan ist, können die vielen guten Vorsätze schon mal auf der Strecke bleiben. Plötzlich läuft die Rasterfahndung wieder an: »Welche Schuhe trägt sie heute? Parfum – billig oder edel? Sie ist viel zu dominant!« Die Meinungen klaffen auseinander, Effekt-Hascherei, die Sachklärung ufert in unsinnige Diskussionen aus; es wird blockiert, Vorwürfe werden erhoben, es wird angeklagt und Schuld zugewiesen: »Aber Sie haben doch ...!« Die Balance auf dem Drahtseil fraulicher Begegnungen kippt. Der Business-Talk geht zum Teufel. Stopp. Ziehen Sie die kommunikative Handbremse. Was ist passiert, was ist los? Kehren Sie zurück zu den W-Fragen. Klären Sie die Situation; beschreiben Sie, statt Schuld zuzuweisen. Blicken Sie zurück: Fassen Sie nochmals die Spielregeln ins Auge. Pendeln Sie Nähe und Distanz aus und – lassen Sie Ihr Boot am Strand. Verwirklichen Sie stattdessen die professionelle Spontaneität! Auch gutes Streiten will gelernt sein.

Auch Streiten will gelernt sein

Kommunikative **Streitkultur**

Sie möchten sich nicht streiten? Das ist gut, doch manchmal leider unvermeidlich. Aber: Sie können gut oder schlecht streiten. Betrachten wir zunächst das schlechte Streiten. Sie sollten es sich schnellstmöglich abgewöhnen. Doch Sie sollten wissen, was man darunter versteht. Schlechtes Streiten heißt: frau ihre Wirklichkeit nehmen und an deren Stelle die eigene setzen wollen. Das macht natürlich überhaupt keinen Sinn. Weshalb möchten Sie das tun? Wollen Sie etwa in Rechthaberei verfallen? Lassen Sie das Gackern um faule Ausreden, überflüssige Erklärungen und Selbstgefälligkeiten. Ihr Job spielt nicht im Hühnerhof und Ihre Kolleginnen sind keine Hühner, mit denen Sie um die Wette gackern. So viel zum schlechten Streiten.

Gegen gutes Streiten ist natürlich nichts einzuwenden. Ganz im Gegenteil. Wo kämen Sie hin, wenn Sie es nicht praktizierten? In besagten Hof – zu den Hühnern! Aber da wollen Sie sicher nicht hin! Der Clou ist doch, dass Sie Position beziehen und um die Sache streiten. Also, setzen Sie nicht auf den Hühnerhof, sondern auf's richtige Pferd. Fallen Sie nicht vom Kommunikationspferd, sondern seien Sie sattelfest! Wie geht das?

Mit Natürlichkeit. Nie aufgesetzt, nicht schrill, sondern einfach mit Stil. Entdecken Sie den Wert des guten Kommunikationsstils.

Tipp

Frauen, die um die Sache streiten

- akzeptieren, dass es unterschiedliche Wahrnehmungen, Sichtweisen, Einstellungen gibt;
- denken in Alternativen und achten darauf, beim Beginn eines Streitgesprächs nicht zu werten;
- machen keine Vorwürfe, äußern aber Wünsche und Befürchtungen; bagatellisieren nicht, beziehen aber Position;
- sprechen nicht suggestiv und stellen keine Suggestivfragen;
- stellen Fragen, die eine kluge Antwort verlangen – und wenn sie auch lautet: »Darüber muss ich nachdenken!«;
- bewerten nicht die Person, sondern vertreten Standpunkte;
- schließen keine faulen Kompromisse, um gemocht zu werden, sondern schließen Kompromisse, wenn sie der Sache dienen;
- werden nicht laut, sondern beenden Gespräche, wenn die Emotionen überhand nehmen;
- verwenden Äußerungen von frau, nicht gegen frau;
- diskutieren nicht endlos das Problem, sondern entwickeln Lösungen, die praktikabel sind.

Streitkultur hat eine Funktion: Sie eröffnet den Dialog. Professionelle Spontaneität hat ebenfalls eine Funktion: Sie knallt die Tür nicht zu – auch nicht, wenn es hitzig wird. Das ist alles. Sie ziehen frau nicht über den Tisch, aber Sie lösen das Problem. Es kommt dabei auf Ihre innere Haltung an. Ihr Erfolgscode lautet nicht: »Ihr zeig ich's!«, sondern: »Wie kann ich ihr helfen, dass sie den Fehler abstellt!« Ist doch okay, finden Sie nicht?

Tipp

Verzichten Sie auf zu große affektive Nähe!

Im Job dominiert die Ökonomie. Für sie gelten andere Spielregeln als für die Beziehung von Mensch zu Mensch. Das gilt auch für Frauen, die mit Frauen arbeiten. Frauen, die privat keine Beziehung herstellen können, bringen ihren Wunsch nach einer harmonischen Beziehung zur Arbeit mit. Das ist menschlich und natürlich – verursacht hier aber von frau zu frau Beziehungsprobleme. Die Probleme, die Frauen im Job mit der Kommunikation haben, spiegeln die Probleme, die die Beziehung der Frauen zueinander betreffen. Frauen, die erfolgreich mit Frauen arbeiten, suchen im Job nicht die beste Freundin, sondern sie arbeiten mit anderen Frauen nach der Entschlüsselung von Erfolgscodes. Die beste Freundin haben sie sowieso außerhalb ihrer Arbeit. Erfolgreiche Frauen pflegen nicht die harmonische Beziehung, sondern sie versuchen, frau zu verstehen. Empathie – sich in die andere hineinzuversetzen – hilft nicht nur der anderen, sondern auch ihnen selbst. Empathie ist die Schlüsselkompetenz, mit der Frauen ein Gleichgewicht zwischen ihrer archaischen Sehnsucht nach Zugehörigkeit und ihrem modernen Streben nach Freiheit schaffen. Ihr Job fordert diese Freiheit von ihnen ein. Das bedeutet nicht, dass Frauen verantwortungslos handeln müssten. Empathie macht kreativ, tolerant und flexibel. Sie gewährt Frauen ein nachhaltiges positives Gefühl

– das Glück des Verstehens. Dennoch ist es nichts, was Frauen daran hindert, nein zu sagen. Was Sie damit anfangen, bestimmen allein Sie selbst. Entschlossenheit, Anstrengung und Zeit sind die eigentlichen Geheimnisse auf dem Weg zum Erfolg – und zum Glück! Erfolgreiche Frauen gehen diesen Weg. Frauen, die es so weit gebracht haben, dass sie im großzügigen Rahmen denken, sprechen und handeln professionell. Sie bringen auch ihre Seele in einem Loft unter, nicht in einem Iglu.

Kapitel 4

Achten Sie auf Ihren Körper

Gewinner strahlen Vitalität und Lebensfreude aus

Ob Sie zu den Frauen gehören möchten, die den Balanceakt auf dem Drahtseil Job und Frauen und Frauen und Leben vollbringen, bestimmen Sie selbst. Das hat viel mit Ihrer mentalen Einstellung zu tun. Das haben die vorherigen Kapitel gezeigt. Ihre Einstellung leitet Sie durch jeden Tag neu. Epikur nannte es: »Carpe diem« – nutze den Tag! Möchten Sie Ihren Tag nutzen? Jeden Tag neu? Dann fangen Sie an. Entschlossenheit, Anstrengung und Erfolg sind immer auch ein Teil der Persönlichkeit und eine Frage der Interpretation. Es gibt viele Frauen, die nach außen hin alle Kriterien erfüllen, um als erfolgreich zu gelten. Tatsächlich fühlen sich aber immer mehr Frauen – wie übrigens auch Männer – ausgebrannt und leer. Sie stellen die Sinnfrage. Hektik, überfüllter Terminkalender, Beschleunigung, Leben nach den Zwängen des Jobs, der Ökonomie, nach den Ansprüchen anderer – die Kollegin, die Chefin, die Kinder, der Partner ... Und sie bleiben irgendwo und mittendrin auf der Strecke. Andererseits: Es spricht nichts dagegen, dass frau erfolgreich sein könnte. Es gibt sie, die Frauen, die Erfolg haben und ihren Erfolg auch ausstrahlen.

Wie gelingt Ihnen genau dieses? Indem Sie sich ein Ziel setzen und konsequent darauf hinarbeiten. Sie haben ein Ziel: Sie möchten mit weiblicher Konkurrenz umgehen können. Es ist, als wollten Sie von null zum Marathon? Sie laufen los? Natürlich nicht blindlings, sondern bewusst. Sie haben einiges über die Konkurrenz unter Frauen erfahren. Sie haben bereits angefangen, die Spielregeln zu trainieren. Wissen Sie, dass man übrigens in einem Jahr fit werden kann für den New York-Marathon? Wer darauf hintrainiert, erlebt alle Up's und Down's, die ganz einfach dazugehören. Der New York-Marathon ist so etwas wie der Gipfelsturm – was die Entschlossenheit betrifft. Entschlossenheit allein genügt jedoch nicht. Der Erfolg stellt sich nur im Gleichklang von Entschlossenheit und Anstrengung ein. Und die kann manchmal ganz schön ins Wanken geraten. Wenn Sie alles auf einmal wollen – aber nichts geht; wenn Sie alles sofort und schnell wollen – aber das Trainieren erst lernen müssen; wenn Sie sich auf sich selbst konzentrieren – die Kollegin Ihnen deswegen die Freundschaft kündigt; wenn Sie die »Trainingskilometer« erhöhen – und Ihre Kolleginnen Sie bremsen möchten; wenn Sie, von Ermüdungserscheinungen heimgesucht, die Mutter aller Fragen stellen: Hinschmeißen? Weitermachen?

Trainieren Sie für den Erfolg

Frauen, die den New York-Marathon laufen, lesen übrigens »Tour des Lebens« von Lance Armstrong. Er hat die Tour de France gewonnen – obwohl er an Krebs erkrankt war. Auch Sie schaffen Ihren »Konkurrenz-Marathon«. An dem Beispiel Marathon können Sie sich bewusst machen, was alles in Ihnen steckt, um von frau zu frau nicht nur auf Hochtouren zu kommen, sondern in Form zu bleiben und als Gewinnerin durch Ihr Ziel zu laufen. Frauen, die das tun, sagen: »Okay. Ich hör auf zu jammern! Ich schaff das!« Sie verlassen die Ebene, die sie erreicht haben, nicht mehr. Sie machen auf dieser Ebene weiter. Sie brauchen nicht die Erste zu sein, aber Sie können gewinnen! Lassen Sie los, brechen Sie mit den vielen unsinnigen Gewohnheiten, die Frauen daran hindern zu gewinnen. Frauen, die den New York-Marathon schaffen, verändern als erstes ihr Bewusstsein. Sie sagen: »Ich will es!« Sie haben jenen notwendigen ersten Schritt für Veränderungen mit dem Kauf dieses Buches eingeleitet. »Ich will mit weiblicher Konkurrenz umgehen können!« Sie haben durch das Lesen der vorhergehenden Kapitel »laufen« gelernt. Frauen, die den Marathon laufen, stellen ihren Körper auf ihr Bewusstsein ein. Gewinnerinnen wissen, dass es ums Ganze geht – um die Einheit von Seele und Körper. Und das fängt mit der richtigen Lebensweise an. Ohne ausgeklügeltes Begleitprogramm – Ernährung, Check-ups, Konzentration – können sie den Marathon vergessen. Kümmern auch Sie sich um Ihr Begleitprogramm – und laufen Sie durchs Ziel. Holen Sie sich Ihren Gewinn. Er heißt Vitalität und Lebensfreude. Sie sind der Treibsatz des Erfolgs. Lebensfreude kommt vor dem Erfolg – und nicht umgekehrt. Ihr Preis? Sie trainieren hart und stellen Ihre Lebensweise auf den Kopf! Sie finden das anstrengend? Sie möchten aber doch gewinnen!

Essen Sie das **Leben**

Ganz im Ernst: Frauen, die viel arbeiten und sich im Job behaupten wollen, können wirklich eine Glatze kriegen. Eine britische Studie besagt, dass Frauen vermehrt männliche Hormone produzieren, wenn sie im Job aufs Ganze gehen. Es geht dabei um Testosteron. Das führt zu verstärktem Haarausfall – und anderen Stresserscheinungen, die bisher den Männern vorbehalten blieben. Testosteron macht Sie aber wacher, schneller, kreativer und dynamischer. Es ist Ihr Powerhormon, mit dem Sie durchs Ziel laufen. Das mit dem Haarausfall möchten Sie den Männern überlassen? Sie können eine Menge für Ihre Haare tun, nämlich das Richtige essen. Und deshalb haben Sie nichts dagegen, dass Ihr Testosteronspiegel im Blut ansteigt – weil Sie jetzt aufs Ganze gehen. Denn Sie wollen nicht müde, sondern wach und vital sein. Wie Sie überhaupt Vitalität essen können. Es gibt übrigens Männer, die ihren Testosteronspiegel künstlich nach oben pushen – wegen der Aussicht auf maximalen Erfolg. Soweit brauchen Sie ja nicht gleich zu gehen. Aber mal ehrlich: Weshalb möchten Sie sich ein Essen gönnen, als seien Sie die Königin von Saba? Oder Fastfood – die extrem andere Variante? Wussten Sie, dass Kardiologen auf dem Papier um jeden Fastfood-Anbieter mit dem Zirkel einen Kreis ziehen, der ihr potenzielles Einzugsgebiet markiert? Und was Süßes – stets nebenher und zwischendurch, weil Sie immer Schokolade essen, wenn Sie der Beziehungsstress plagt oder Ihr Körper nach Kalorien schreit, Sie aber keine Zeit für was Richtiges haben? Klingt doch freudlos, finden Sie nicht? Was Süßes – sorry, ist nicht empfehlenswert, wenn Sie Stress mit Ihrer Kollegin haben! Sie haben alle Todsünden beisammen, die Sie begehen können – was das Essen betrifft. Was aber essen Sie?

Sie essen das Leben. Ihre Powerspender heißen: Eiweiße, Kohlenhydrate, Fette – aber im richtigen Mischungsverhältnis. Wissenschaftler der Harvard Universität bezeichnen eine Ernährung, die sich aus 20 bis 30 Prozent Eiweiß, 35 bis 45 Prozent Fett und 30 bis 40 Prozent Kohlenhydraten zusammensetzt, als die optimale Ernährung. Obst, Gemüse, Salate, Vollkorn- und Milchprodukte, Hartkäse, fettarmes Fleisch, Fisch, ausgewählte pflanzliche Öle – kaltgepresste Olivenöle für die Zubereitung von Salaten oder Rapsöl zum Braten – sowie Nüsse, Mandeln oder Kürbiskerne liefern Ihnen diese Nährstoffe und darüber hinaus die wichtigen Vitamine, Mineral- und

Ballaststoffe sowie die Spurenelemente, die Ihnen Lebensfreude und Vitalität schenken. Das bewahrt Sie auch davor, im Stress zu versinken. Stress ist grundsätzlich nichts Schlechtes.

Tanken Sie Vitalität

Doch wenn Sie in Ihrem Job Stress mit Ihrer Kollegin haben, dann ist das nichts Gutes. Stress macht unruhig, gereizt und nervös. Stress »raubt« Ihnen Ihre Nährstoffe, Ihre Vitamine. Das lässt Sie alt aussehen. Wollen Sie Ihre Ausstrahlung leichtfertig aufs Spiel setzen? Stress ist der Vitalitätsfresser schlechthin, selbst wenn Sie bei bester Gesundheit sind. Sie aber möchten durchstarten und vital bleiben – erst recht, wenn die Katastrophenmeldungen überhand nehmen und in Ihrem Job die Beschleunigung rasant ist!

Bevor Sie sich in den Lustgarten Essen stürzen, sollten Sie aber auch wissen, was Sie nicht brauchen. Das sind: schlechte Fette wie Getreideöle, Sonnenblumenöl und die daraus hergestellten Margarinen, Distel- und Sojaöl, gehärtete Fette, die zum Beispiel in industriell hergestellten Süßigkeiten enthalten sind, gesüßte Säfte, Limonaden, Cola, Kuchen, Weißmehlspeisen, alle Fertigprodukte, Pizza, Pommes frites und auch Functional Food. Funktionelle Lebensmittel sollen nicht nur sättigen, sondern präventiv wirken. Mit positiven Werbeaussagen zielen die Hersteller dieser Art von Lebensmitteln auf besonders ernährungsbewusste Kunden ab. Das zugrunde liegende Konzept ist allerdings fragwürdig. Meist fehlen aussagekräftige Wirkungsnachweise. All dies sind Feinde Ihrer Kreativität. Verabschieden Sie sich davon. Was aber tun Sie, wenn Sie im Garten Eden einkaufen und der Stress Ihnen trotzdem die Power entzieht?

Sybille: »Hilfe, ich habe Stress! Ich habe keine Zeit, mir knurrt der Magen, ich harre stundenlang aus – bis ich irgendwann, immer unter Zeitdruck, gierig das Nächstbeste verschlinge. Anschließend bin ich todmüde. Ich greife zur Schokolade, komme wieder auf Hochtouren – aber kurze Zeit später bin ich fix und fertig. Was soll ich bloß essen?«

Damit es Ihnen nicht wie Sybille geht: Ihr stabiler Eiweiß-Kohlenhydrat-Fett-Status ist Ihr Joker. Eiweiß bildet die Basis für Hormone und Botenstoffe, die Glück, Wachheit, Aktivität und Konzentrationsfähigkeit bedeuten. Sie haben den Überblick – und gute Laune! Es kommt dabei aber auf die richtige Balance an. Produzieren Sie zum Beispiel in kurzen Zeiteinheiten Ideen wie am Fließband, führen Sie mehrstündige Verhandlungen, haben Sie Stress mit Ihrer Kollegin verbrauchen Sie mehr Eiweiß als im Ruhezustand. Sie können diesen Verlust nicht mit anderen Nährstoffen ausgleichen. Welche Lebensmittel enthalten dieses wertvolle Eiweiß? Eiweiß findet man besonders viel in Fleisch, Fisch, Hühnerei und in Milchprodukten, aber auch in Hülsenfrüchten. So sind zum Beispiel in einem Steak 15 Gramm Eiweiß enthalten. Ein Apfel enthält hingegen nur ein Gramm Eiweiß. Der Apfel wiederum steckt voller Vitamine und Mineralstoffe. Vitamine und Mineralstoffe sind extrem wichtige Helfer bei der Eiweißverwertung. Brainpower durch Eiweiß plus Obst oder Eiweiß plus Gemüse plus das richtige Fett ist optimal. Sie brauchen Ihr Steak nicht gleich mit einem Apfel zu dekorieren. Aber Sie können Ihr Fleisch mit Zitronensaft beträufeln und Gemüse oder Salat dazu essen. Vor allen Dingen: Setzen Sie den ersten Eiweißjoker bereits zum Frühstück ein. Früchte, ein paar Löffel Müsli oder Haferflocken und einen Becher Naturjoghurt ist das Frühstück Ihrer Wahl. Wenn Sie abwechseln möchten: Die biologische Wertigkeit von Milch und Rindfleisch ist annähernd gleich hoch. Das bedeutet, dass aus 100 Gramm Milch oder Rindfleisch die vergleichbare Menge körpereigener Proteine produziert werden kann. Sie brauchen Ihr Steak nicht zum Frühstück zu essen. Aber Sie können ein Vollkornbrot mit mageren, dünn aufgeschnittenen Bratenscheiben belegen und Radieschen dazu essen. Das alles bringt Sie in Schwung, füllt Ihre Depots und hält lange vor. Dazu zwei Tassen ungesüßten Kaffee mit Milch – und los geht's.

Die richtigen Kombinationen wählen

Wenn Sie sich dann noch die richtigen »Powerbringer« für's Büro oder für unterwegs mitnehmen, die Sie essen, sobald Sie die Möglichkeit dazu haben, statt mittags in die Kantine zu stürzen, um dort noch schnell das lapprige Wurstbrötchen oder das stundenlang warm gehaltene, panierte Schnitzel zu ergattern, mag das Kantinenbrötchen zwar lapprig sein, doch Ihr Eiweiß-Kohlenhydrat-Fett-Status bleibt stabil. Vielleicht hält Ihre Kantine sogar die richtigen kleinen Muntermacher bereit, Sie haben sie bloß noch nicht beachtet? Das sind: Rohe Gemüsestreifen, dazu eiweißreiche Dips, Joghurt, Quarkspeisen ohne Zucker oder frisch zubereitete Milchshakes. Ideal sind auch frisch gepresste Obstsäfte – und als Getränk Wasser. Abends gönnen Sie sich dann in aller Ruhe Ihr kleines Blitzgericht aus kurz gebratenem magerem Fleisch oder Fisch mit Gemüse, Kartoffeln oder Reis und Salat.

Der zweite wichtige Nährstoff bei Stress sind die Kohlenhydrate. Es geht dabei um die Glukose, diesen kleinsten Baustein der Kohlenhydrate. Glukose ist der Energielieferant für Gehirn und Nerven schlechthin. Sie wird von Ihren Gehirn- und Nervenzellen in Unmengen aus dem Blut gesaugt, wenn Sie das Äußerste bringen. Es geht für Sie bei dem Nährstoff Kohlenhydrat also um Ihren Blutzuckerspiegel, der ständig in einem günstigen Referenzbereich liegen sollte. Er liefert die Energie, die Ihr Gehirn braucht. Sie greifen wie Sybille zum Schokoriegel, um an die wertvolle Glukose zu kommen? Vergessen Sie die Notreserve Schokolade. Süßes wie auch Weißmehl geben die Glukose, die in ihnen enthalten ist, im Darm zwar sofort frei; Ihr Blut wird in wenigen Minuten mit diesem Blutzucker angereichert, doch die Bauchspeicheldrüse schickt ebenso schnell ihr Dickmacherhormon Insulin hinterher, das die Glukosemoleküle in die Körperzellen einbaut. Die kostbare Glukose ist schon wieder weg, bevor sie sich richtig aufschließt, Ihr Blutzuckerspiegel sinkt auf einen niedrigeren Wert als zuvor – und Sie sind müde und schlapp. Solange Insulin Ihren Körper dominiert, haben Powerstoffe keine

Chance, ihre Wirkung zu entfalten. Sie werden nicht fit, sondern dick. Ersetzen Sie Ihren Schokoriegel durch einen Obstteller – bestückt mit Früchten der Saison. Apfel, Pflaumen, Aprikosen, Bananen ... und Sie sind blitzschnell fit. Überlassen Sie die Schokolade den anderen. Sie haben jenen süßen Glücksboten überhaupt nicht nötig, weil Sie schon glücklich sind. Ein paar Früchte passen in jede Handtasche – auch in Ihre. Greifen Sie rechtzeitig danach.

Ein Wort zu den Vitaminen und Mineralstoffen, die überwiegend in Obst und Gemüse, aber auch in Nüssen enthalten sind. Sie sind so immens wichtig, weil sie jene wichtigen Hilfsstoffe bei der Eiweißverwertung sind. Sie sind aber auch der ideale Schönheitsspender. Vitamine schenken das Leben. Sie entfalten ihre Wirkung schon in kleinen Mengen. Vitamine machen kreativ und verleihen Charisma. Ihre Haare, Augen, Haut – bleiben ohne Glanz und Frische, wenn ihnen die Vitamine fehlen. Besonders Nüsse und Tomaten gelten als geeignete Schönheitsspender. Für ein paar Nüsse haben Sie immer Platz in Ihrer Tasche. Vitamine sind aus keinem Stoffwechselvorgang wegzudenken, sie sind sogar an den Gefühlen beteiligt und schützen das Immunsystem. Jenes System, das die Schadstoffe in Ihrem Körper aufspürt und sie an Ort und Stelle vernichtet.

Stresszeiten: Sie brauchen mehr Vitamine

Für die Vitamine, die Sie zu sich nehmen, gilt übrigens dasselbe wie für die Eiweiße und Kohlenhydrate. Stress ist der Vitaminkiller schlechthin! Eine einzige heftige Auseinandersetzung mit Ihrer Kollegin kostet Sie zum Beispiel bis zu einem halben Gramm Vitamin C. Speziell in Stresszeiten brauchen Sie 1 bis 3 davon täglich. Weshalb ein halbes Gramm verschenken? Greifen Sie lieber zu Ihrem Apfel, statt Ihrer Kollegin den giftigen Apfel zu reichen oder in deren Apfel hineinzubeißen. Der Apfel – vorausgesetzt Sie leiden nicht unter einer Apfelallergie – gilt als die Frucht, die Ihnen die Lebensfreude schenkt.

Was aber wären all diese Bestandteile der Ernährung ohne Ballaststoffe? Sie finden, dass Ballaststoffe bloß überflüssiges Gewicht bringen? Ganz im Gegenteil. Ballaststoffe sind für Ihre Gesundheit unentbehrlich. Sie bewirken eine gesunde Darmfunktion sowie eine geregelte Verdauung. Ballaststoffe sind in Vollkornprodukten, Gemüse, in Äpfeln oder anderen Früchten enthalten. Es geht eben nichts über den Obst- und Gemüsegarten der Natur. Ein Wort noch zu den Mineralstoffen. Ihr Körper benötigt sie ebenfalls nur in kleinen Mengen. Doch wenn sie Ihnen fehlen, sind Sie müde, nervös und unkonzentriert. Eisen und Kalzium sind zwei dieser wichtigen Muntermacher. Eisen nehmen Sie mit Vollkornbrot und Fleisch auf, das Kalzium mit Milchprodukten. Wenn Sie täglich 100 Gramm Hartkäse zu sich nehmen, haben Sie schon viel für sich getan. Wussten Sie aber auch, dass so schmackhafte Kräuter wie Dill, Majoran, Salbei oder Thymian gute Kalziumlieferanten sind? Und auch dies: Die Fette spielen eine wichtige Rolle, weil sie die Kontakte zwischen den Zellen besser laufen lassen. Es kommt aber eben darauf an, dass Sie die richtigen Fette gebrauchen und die schlechten Fette ganz vermeiden.

Tipp

Checkliste: Wie Sie Power in Ihr Essen bringen

- nicht zu viel, nicht zu wenig essen – vor allem abwechslungsreich;
- nicht die Menge, sondern das richtige Mischungsverhältnis der drei Nährstoffe Eiweiß, Kohlenhydrate und Fette bestimmt Ihre Fitness:

Eiweiß 20 bis 30%	Kohlenhydrate 30 bis 40 %	Fette 35 bis 45 %
(nach Richtlinien der Harvard Universität, USA)		
Fleisch	Beeren	Olivenöl
Geflügel	Früchte	Rapsöl
Fisch	Gemüse	Avocado
Wild	Salat	Nüsse
Meeresfruchte	Vollkornprodukte	Seefisch
Milchprodukte	Pasta aus Hartweizengrieß	Lachs
Hülsenfrüchte	Brot aus Natursauerteig	Hering
		Makrele

- Obst und Gemüse nach Saison und naturbelassen einkaufen;
- Lebensmittel frisch einkaufen; nicht zu lange und bei entsprechender Temperatur lagern; nicht zu heiß und mit wenig Wasser garen; Gemüse zur Hälfte als Rohkost essen; für Salate nur kalt gepresste Olivenöle verwenden.

Trinken Sie viel

Es mag Sie überraschen. Wasser ist nicht nur eine Flüssigkeit. Wasser zählt ebenfalls zu den wichtigen Nährstoffen des menschlichen Körpers. Der menschliche Körper besteht je nach Lebensalter zu 50 bis 70 Prozent aus Wasser. Wasser reguliert die Körpertemperatur und ist die Grundlage eines jeden Stoffwechsels. Wasser ist Grundbestandteil jeder Zelle. Ausreichendes Körperwasser hält Sie fit, Wassermangel wirkt ermüdend. Sie fühlen sich nicht nur körperlich matt, auch Ihre geistigen Kräfte lassen nach. Sie können sich nicht so gut konzentrieren und sind nicht so aufmerksam, wie Sie es sein könnten. Die regelmäßige Aufnahme von Flüssigkeit ist nicht nur lebensnotwendig. Sie ist auch ein wichtiger Bestandteil Ihrer körperlichen und mentalen Fitness.

Ihr Körper verliert Flüssigkeit über die Atemluft, den Magen-Darm-Trakt, über den Urin oder über die Haut. Diese Verluste müssen unbedingt ausgeglichen werden, schlimmstenfalls stirbt der Mensch. Dieser Extremfall tritt ein, wenn der Körper etwa 20 Prozent seines Wasseranteils verliert, ohne dass ihm Wasser zugeführt wird. Verlieren Sie mehr als 0,5 Prozent Ihres Körperwassers, entsteht bereits ein erstes Durstgefühl, das bei weiter abnehmendem Wassergehalt stärker wird. Ihr Durst ist also ein gutes Maß, um zu erkennen, ob Sie über genügend Körperwasser verfügen. Wenn Sie viel Kaffee trinken, entzieht das Ihrem Körper übrigens wichtige Körperflüssigkeit. Es ist ein Irrtum zu glauben, Sie würden mit Kaffee Ihren Wasserhaushalt ausgleichen. Kaffee wirkt vielmehr diuretisch, das heißt, Kaffee führt zu erhöhter Flüssigkeitsausscheidung und ist deshalb als Durstlöscher nicht geeignet. Was geschieht, wenn Sie zu wenig oder die falsche Flüssigkeit trinken?

Zu viel Kaffee macht durstig

Werden die Flüssigkeitsverluste nicht rechtzeitig oder unzureichend ersetzt, wird Blut und Gewebe zunehmend Wasser entzogen. Das Blut fließt langsamer. Harnpflichtige Substanzen können nicht mehr in dem erforderlichen Maße ausgeschieden werden. Sie verbleiben als »Müll« in Ihrem Körper. Gleichzeitig ist die Versorgung der Muskel- und Gehirnzellen mit Sauerstoff und Nährstoffen herabgesetzt. Bereits ein Flüssigkeitsverlust von zwei Prozent verringert Ihre Leistungsfähigkeit um vier bis acht Prozent. Das ist eine ganze Menge. Hinzu kommt: Die Abnahme des Blutvolumens lässt die Körpertemperatur ansteigen; sie wirkt zentral ermüdend. Ihre mentale Schlagkraft – besonders Ihr Kurzzeitgedächtnis – lässt nach. Eine weitere Abnahme des Körperwassers um nur ein Prozent führt bereits zu massiven Kopfschmerzen und Mundtrockenheit. Das ist nicht gerade das, was man unter vitaler Ausstrahlung versteht. Wie wollen Sie verbal präsent sein, wenn Ihr Kopf schmerzt und der Mund so trocken ist, dass Sie ihn kaum aufkriegen? Sie müssen nicht schweißtreibend arbeiten oder Sport treiben, um in diesen Zustand zu verfallen. Es genügt, den ganzen Tag am Schreibtisch zu sitzen, um auszutrocknen.

Praxis

Gleichen Sie Ihren Flüssigkeitsgehalt aus

Der menschliche Wasserbedarf ist je nach Körpergewicht, körperlicher Aktivität, Klima und Transpiration verschieden. Als Faustregel gilt, dass Sie täglich zwischen zwei und drei Liter Flüssigkeit aufnehmen sollten. Sie brauchen nicht gleich drei Liter Wasser zu trinken. Es genügt, wenn Sie die Hälfte trinken. Denn die Nahrung, die Sie zu sich nehmen, enthält bereits ca. 40 Prozent der Flüssigkeitsmenge, die Sie benötigen. Weitere

10 Prozent produziert der Stoffwechsel im Körper selbst. Welche Nahrungsmittel wirken am besten? Obst und Gemüse sind sehr gute Wasserlieferanten. Melonen bestehen zum Beispiel zu 90 Prozent aus Wasser. Die meisten anderen Früchte enthalten ebenfalls Anteile zwischen 80 und 90 Prozent. Hervorragend eignen sich auch Zucchini sowie Tomaten. Das Biotin der Tomaten – Sie haben bereits darüber gelesen – liefert Ihnen nicht nur wichtige Flüssigkeit, sondern die pure Vitalität.

Meiden Sie Zigaretten, Kaffee und Alkohol

Denise spricht mit ihrer Kollegin über die neuen Richtlinien, die im Büro kursieren. Verstanden hat sie niemand so richtig, doch alle reden drüber. Ihre Kollegin am allermeisten. Denise: »Das ist mir zu hoch. Wie soll das denn umgesetzt werden? Das klappt doch nie!« – und zieht nervös an der Zigarette, ihrem Lieblingsutensil für alle Fälle, wenn's heiß hergeht.

Sie kennen das? Der Aschenbecher quillt über und Sie zünden sich die nächste an, obwohl Sie sich geschworen haben, dem Glimmstängel ade zu sagen. Sie stürzen die sechste Tasse Kaffee hinunter, vergraben sich in die hundert Seiten umfassenden Richtlinien und reagieren gereizt, als eine andere Kollegin Sie via Telefon darum bittet, ihr mal eben das abendliche Sicherungsprotokoll von letzter Woche auf den Tisch zu legen, weil sie unbedingt noch mal mit Ihnen über ... reden muss.

Und weil dieser Tag irgendwie nicht Ihr Tag ist, verabreden Sie sich mit der nächsten Kollegin zum abendlichen Kneipenbummel durch die Altstadt. Es gibt da eine neue Adresse, die ganz »trendy« sein soll. Der Abend endet natürlich zur späten Stunde, die Kneipe ist wirklich »trendy« und Sie sind der Meinung, dass ein bisschen Alkohol diesen nicht eben glücklichen Bürotag zu guter Letzt doch noch beleben könnte. Stopp. Alkohol ist kein Seelentröster, sondern ein Genussmittel. Zum Genießen gehört eine bessere Stimmung und ein gutes Essen.

Übrigens: Wenn Sie als Frau mehr als zwei Gläser Wein oder Sekt zu sich nehmen, haben Sie schon zu tief ins Glas geschaut – was die Vitalität betrifft! Zigaretten und Alkohol – im sauerstoffarmen, rauchgeschwängerten Kneipenmilieu, mag zwar Freude bereiten, aber weshalb möchten Sie Ihre Vitalität aufs Spiel setzen? Das tun Sie auf jeden Fall, wenn Sie derart gegen die Spielregeln verstoßen. Was sehen Sie, wenn Sie am nächsten Morgen in den Spiegel schauen? Ein müdes, fahles Gesicht mit glanzlosen Augen, grauer, welker Haut und dünnen, brüchigen Haaren. Was ist passiert? Freie Radikale haben Ihre Zellen angegriffen. Freie Radikale sind schädliche Moleküle, die in Ihrem Körper Schadstoffe produzieren. Das Fatale an den freien Radikalen ist, dass sie Ihre Gesundheit überall im Organismus angreifen: in der Haut, im Blut, im Gehirn und in vielen anderen Organen. Normalerweise spürt das Immunsystem die Giftstoffe und Krankheitserreger, die im menschlichen Körper vorhanden sind, auf und macht sie in den Körperzellen oder im Blut unschädlich. Das funktioniert aber nur, wenn das Immunsystem stark ist. Eskapaden solcher Art, wie oben beschrieben, wirken kontraproduktiv, schädigen Ihr Immunsystem. Das lässt Sie nicht nur quasi über Nacht um Jahre altern, es erhöht gleichzeitig Ihre Anfälligkeit für Krankheiten – insbesondere für Krebs. Spezialisten des Krebsberatungs- und Forschungszentrums Fort Worth in Texas, USA, schließen diese Zusammenhänge nicht aus. Sie gehen sogar so weit, einen direkten Zusammenhang zwischen Stress und

Ihr Körper reagiert prompt

Krebs herzustellen. Speziell die Frauen und ihre Emotionen stünden im Brennpunkt der Krankheit, wenn sie nicht achtsam mit ihren Emotionen umgehen würden, heißt es dort.

Sie aber sind dabei, den Schalter Ihres emotionalen Empfindens umzulegen. Sie empfinden Lebensfreude einfach so – trotz aller Konkurrenz von frau zu frau im Job. Deshalb benötigen Sie auch nicht die oben beschriebenen Eskapaden.

Kaffee, wenn Sie ihn gezielt einsetzen, belebt Ihre Funktionstüchtigkeit. Das ist kein eklatanter Widerspruch zu dem, was Sie bisher über Kaffee und über die richtige Ernährung erfahren haben. Das im Kaffee enthaltene Koffein ist ein mildes Anregungsmittel. Beim Schachsport gelten mehr als zwei Tassen Kaffee sogar als Doping. Weshalb dopt Koffein das Gehirn? Koffein blockiert im Gehirn bestimmte Rezeptoren, die eine hemmende Wirkung auf die Gehirntätigkeit ausüben. Das sind die so genannten Adenosinrezeptoren. Sie kommen zum Einsatz, wenn dem Körper der Botenstoff Adenosin zugeführt wird. Die Blutgefäße verengen sich, die Zellen werden langsamer mit Sauerstoff versorgt, der Körper wird träge und müde. Diese Adenosinrezeptoren werden vom Koffein blockiert. Nun geschieht genau das Gegenteil: Die Blutgefäße werden im Gehirn erweitert, wodurch die Großhirnrinde mehr Sauerstoff erhält. Die Großhirnrinde ist der Teil des menschlichen Gehirns, der alles Menschsein ausmacht – Gefühle, Sprache, Intellekt. Man geht davon aus, dass durch diese erhöhte Sauerstoffzufuhr die Denkgeschwindigkeit beschleunigt, die Aufmerksamkeit erhöht, das Sprachzentrum aktiviert und die Reaktionszeit verkürzt wird. Diese Wirkung wird übrigens auch mit schwarzem Tee erzielt, da Teein und Koffein identisch sind. Diese Dopingwirkung des Koffeins hat ihren Höhepunkt nach 30 bis 60 Minuten erreicht und hält etwa 4 bis 6 Stunden an – je nach individueller Konstitution und Tagesform.

Für Frauen gelten zwei bis drei Tassen Kaffee als Richtschnur, um diese optimierende Gehirnleistung hervorzurufen. Der Gedanke, Sie könnten wie Denise mit noch mehr Kaffee noch mehr aus sich »herausholen«, trifft nicht zu. Viel Kaffee bringt Ihren Wasserhaushalt in Unordnung. Die Folgen kennen Sie. Mit Espresso erzielen Sie diese anregende Wirkung, die von Kaffee ausgeht, nicht. Das liegt daran, dass Espresso weniger Koffein enthält. Sie können auf Ihren Frühstückskaffee übrigens ganz verzichten, wenn Sie vor dem Frühstück joggen oder einen anderen Frühsport ausüben. Sie trainieren dann nicht nur Ihre Muskeln. Ihr Gehirn erhält mehr Sauerstoff und Ihre Brainfitness ist vergleichbar mit der, die Sie mit zwei Tassen Kaffee erzielen. Wenn joggen am frühen Morgen einfach nicht Ihre Leidenschaft ist, wählen Sie ganz einfach eine passendere Uhrzeit. Oder suchen Sie sich den Sport, der zu Ihnen passt. Aber treiben Sie Sport.

Kaffee behutsam einsetzen

Sorgen Sie für Bewegung

Der menschliche Körper ist darauf ausgerichtet, täglich viel zu laufen. Auch das ist eines der vielen entwicklungsgeschichtlichen Überbleibsel. Die Hominiden waren jagende und sammelnde, keine sesshaften Menschen. Üben Sie als moderner Zivilisationsmensch eine sitzende Tätigkeit aus, ohne dieses Sitzen durch Sport auszugleichen, fehlt Ihrer Fitness ein bedeutungsvoller Baustein. Sorgen Sie dafür, dass mehr Bewegung in Ihr Leben kommt. Tierversuche haben gezeigt, dass gestresste Tiere ihre Vitalität und Gesundheit verlieren, wenn sie ihren Stress nicht mit Bewegung abreagieren konnten. Bewegung regt das Immunsystem an. Sie ist das beste Mittel, Stress zu kanalisieren. Sport hat daher ungeahnte Auswirkungen auf den gesamten Organismus. Sie werden wacher und leistungsfähiger. Lösungen, über denen Sie im Büro endlos brüten, fliegen Ihnen zu, sobald Sie sich bewegen. Machen Sie einen Spaziergang an der frischen Luft, statt mittags die Kantine aufzusuchen. Drehen Sie ein paar Runden durch den Stadtpark. Das belebt und regt sogar Ihr Denken an.

Wissenschaftler haben nachgewiesen, dass regelmäßige Bewegung auch positive Auswirkungen auf das Seelenleben hat. Denken und Einstellungen werden flexibler und unabhängiger. Wer sich viel bewegt, regt sich weniger über Kleinigkeiten auf, verfügt über ein positives Selbstbild, nimmt andere wie sie sind und nicht so wichtig, findet auch bei extremen Problemen Lösungswege und ist durchsetzungsfähig und kraftvoll. Bewegung zwingt Sie, auf sich selbst und auf die Bedürfnisse Ihres Körpers zu hören. Bewegung lehrt Sie, den Bedürfnissen Ihres Körpers Beachtung zu schenken. Sie vermittelt Ihnen das gute Gefühl der Lebenskraft.

Ein Wort zur Entspannung

Sie fühlen sich fit und vital? Selbst im größten Beziehungsgewitter? Keine Ihrer Kolleginnen kann Ihnen das Wasser abgraben? Keine kann Sie über den Tisch ziehen? Keine Hektik kann Sie aus der Ruhe bringen? Dann sind die Ausführungen zum Thema Entspannung für Sie wenig bedeutungsvoll. Viele Frauen fühlen sich jedoch von der ständigen Hektik, von den vielen und überbordenden Informationen, die in immer kürzerer Zeit verarbeitet werden müssen, von den vielen Spielchen im Beruf, der übertriebenen Mobilität und der Beschleunigung des Lebens allgemein von sich selbst entfremdet. Sich »daheim« zu wissen, ist die erste Voraussetzung für Glück. Wie finden Sie zu diesem Glück? Sie können dem neuen Trend der Business-People folgen und Ihr Glück mit Breathwalking und Desktop-Yoga aufspüren. Desktop-Yoga ist eigens für Menschen entwickelt worden, die am Computer arbeiten. Für Desktop-Yoga muss man nicht mal vom Schreibtisch aufstehen. Möchten Sie das wirklich tun? Es ist eine zweifellos moderne Variante auf dem Weg zum Glück.

Sie können sich aber auch an einen Ort der Stille begeben und Übungen zur Entspannung durchführen. Entspannungsübungen helfen Ihnen, eine neue Einstellung zu sich selbst und zu anderen Frauen zu finden. Es gibt verschiedene Methoden der Entspannung, die es Ihnen ermöglichen, sich künftig mit der weiblichen Konkurrenz im Job offener und bewusster auseinander zu setzen.

Tipp

Einige Entspannungstechniken

- *Visualisierung:*
  Diese Technik arbeitet mit der Kraft der Gedanken. Das Vorgehen: Sie beschreiben Ihr Problem mit anderen Frauen, kreieren ein Bild davon und versuchen, dieses dann in Ihrer Vorstellung positiv zu verändern.
- *Autogenes Training:*
  Spezielle Übungen werden sitzend oder liegend durchgeführt und von kleinen »Formeln« begleitet, die man sich mit mehrmaligen Wiederholungen vorsagt. Dreimal am Tag wenige Minuten dieser Übungen erzielen bereits gute Resultate.
- *Meditation:*
  Ziel ist es, die Gedanken zur Ruhe kommen zu lassen, eine Zeit lang an nichts zu denken. Das erfordert viel Disziplin, schärft langfristig aber Geist und Selbstvertrauen. Man bekommt Distanz zu den eigenen Gefühlen.

- *Yoga:*
  Yoga ist eine Kombination aus Übungen zu Atemtechnik, Beweglichkeit und Entspannung. Die Übungen wirken sich positiv auf das vegetative Nervensystem aus, verlangsamen Puls und Atmung und fördern so eine gezielte, konzentrierte Entspannung. Sie gelingt allerdings nur bei richtiger Durchführung und regelmäßiger Anwendung.

Wenn Sie sich für eine dieser Methoden interessieren, wählen Sie diejenige Technik aus, die am besten zu Ihnen passt. Bei regelmäßiger Durchführung erwarten Sie Ruhe, Regeneration und Souveränität. Sie erweitern Ihr Wissen zu einem Bewusstsein, das es Ihnen ermöglicht, den Frauen auf der Bühne der modernen Arbeitswelt zu begegnen, ohne die Konkurrenz zu fürchten.

Praxis

Interesse für Entspannung schaffen

1. Heute beginne ich, mich für Entspannungstechniken zu interessieren. Ich wähle eine Entspannungsmethode aus, die ich gut allein durchführen kann, und ich mache die vorgesehenen Übungen.
2. Ich führe meine Übungen von nun an regelmäßig durch – dreimal täglich, und ich beachte die Hinweise beim Durchführen der Techniken.
3. Ich lerne verstehen, weshalb Entspannung für mich wichtig ist.
4. Ich werde gelassen und gehe meinen gewohnten Tätigkeiten nach.

Tipp

Punkten Sie mit Ausgeglichenheit und Energie!

Die moderne Arbeitswelt stellt an Frauen, die mit Frauen arbeiten, Anforderungen, die ihrer entwicklungsgeschichtlichen Prägung widersprechen. Die modernen Kompetenzen lauten: schnelle Wissensverarbeitung, Streiten um die bessere Idee, sensibles Durchsetzungsvermögen, Kooperation und Flexibilität.

- Der berufliche Alltag von frau zu frau ist mit vielen Stressfaktoren verbunden, die durch eine falsche Ernährung verstärkt werden.
- Stress greift das Immunsystem des menschlichen Organismus an. Stress gefährdet Vitalität und Lebensfreude.
- Die richtige Ernährung plus Sport plus Entspannung garantieren die bestmögliche Energie und Ausgeglichenheit. Sie schützen das Immunsystem. Sie schützen die Persönlichkeit von Frauen.
- Frauen, die richtig essen, leben glücklicher und vitaler. Sie haben eine bessere Ausstrahlung und mehr Erfolg im Umgang mit anderen Menschen.
- Ausgeglichenheit und Energie sind die zwei Säulen eines modernen Selbstmanagements, mit dessen Hilfe Frauen der weiblichen Konkurrenz im Beruf begegnen können.

Literatur

Adorno, Theodor: *Individuum und Organisation.* Frankfurt 1971.

Aries, E.: *Zwischenmenschliches Verhalten in eingeschlechtlichen und gemischtgeschlechtlichen Gruppen,* in: Trömel-Plötz, Senta: Gewalt durch Sprache. Frankfurt 1984, S. 114–126.

Assig, Dorothea; Beck, Andrea: *Frauen revolutionieren die Arbeitswelt. Das Handbuch zur Chancengerechtigkeit.* München 1996.

Ausfelder, Trude: *Mobbing. Konflikte am Arbeitsplatz erkennen, offen legen, lösen.* München 2001.

Barber, Jill; Watson, Rita: *Frau gegen Frau. Rivalinnen im Beruf.* Reinbek 1993.

Bensel, Norbert: *Auf dem Weg in die Dienstleistungsgesellschaft. Neue Chancen für Frauen und Männer in der Arbeitswelt.* Wiesbaden 2000.

Beauvoir de, Simone: *Das andere Geschlecht.* Reinbek 1976.

Bischof-Köhler, Doris: *Frau und Karriere in psychobiologischer Sicht,* Zeitschrift für Arbeits- und Organisationspsychologie, 34, 1990, S. 17–28.

Camenzind, Elisabeth; von den Steinen, Ulfa (Hrsg.): *Frauen definieren sich selbst.* Zürich 1991.

Dahrendorf, Ralf: *Homo Sociologicus.* Opladen 1977.

Dorst, Brigitte: *Psychodynamische und gruppendynamische Besonderheiten von Frauengruppen,* Supervision, 20, 1991, S. 8–21.

Duff, Carolyn S.: *Wenn Frauen zusammen arbeiten. Solidarität und Konkurrenz im Beruf.* Frankfurt 1995.

Geissner, Hellmut: *Soziale Rollen als Sprechrollen,* in: *Allgemeine und Angewandte Phonetik.* Hamburg 1960.

Geißler, Erich Eduard: *Erziehungsmittel.* Bad Heilbrunn 1982.

Gilligan, Carol: *Die andere Stimme. Lebenskonflikte und Moral der Frau.* München 1984.

Gilligan, Carol: *Moralische Orientierung und moralische Entwicklung,* in: Nunner-Winkler, Gertrud (Hrsg.): *Weibliche Moral. Die Kontroverse um eine geschlechtspezifische Ethik.* Frankfurt, New York 1991.

Goldfuß, Jürgen: *Schluss mit Mobbing! Über Motive, Methoden und den Mut zur Gegenwehr.* Würzburg 2002.
Gray, John: *Männer sind anders. Frauen auch.* München 1992.
Hagemann-White, Carol: *Sozialisation: Weiblich-männlich?* Opladen 1984.
Hugo-Becker, Annegret; Becker, Henning: *Beck-Wirtschaftsberater: Psychologisches Konfliktmanagement. Menschenkenntnis – Konfliktfähigkeit – Kooperation.* München 1992.
Kieper-Wellmer, Marianne: *Wo Frauen unter sich sind,* Supervision, 20, 1991, S. 22–32.
Kohlberg, Lawrence: *The Philosophy of Moral Development,* in: *Essays on Moral Development,* Vol 1, New York 1981.
König, Oliver: *Macht in Gruppen. Gruppendynamische Prozesse und Interventionen.* München 1996.
Kramer, Gisela: *Wer ist die Beste im ganzen Land? Konkurrenz unter Frauen.* Frankfurt 1993.
Krell, Gertraude; Osterloh, Margit (Hrsg.): *Personalpolitik aus der Sicht von Frauen – Frauen aus der Sicht der Personalpolitik. Was kann die Personalforschung von der Frauenforschung lernen?* München 1993.
Krumpholz, Doris: *Frauen in Arbeitsgruppen und Organisationen,* Gruppendynamik, 30, 1999, S. 415–426.
Leipziger, Jürg W.: *Konzepte entwickeln. Handfeste Anleitungen für bessere Kommunikation.* Frankfurt 2004.
Manning, Marilyn: *Leadership skills for women.* Menlo Park 1989.
Martiny Anke: *Wer nicht kämpft hat schon verloren. Frauen und der Mut zur Macht.* Hamburg 1986.
Miner, Valerie; Longino, H. (Hrsg.): *Konkurrenz. Ein Tabu unter Frauen.* München 1990.
Modelmog, Ilse; Gräßel, Ulrike: *Konkurrenz & Kooperation. Frauen im Zwiespalt?* Münster 1995.
Scheffler, S.: *Organisationskultur in Frauenprojekten,* in: Pühl, Harald (Hrsg.): *Supervision in Institutionen.* Frankfurt 1997, S. 226–240.
Spitz, René Arpad: *Nein und Ja. Die Ursprünge der menschlichen Kommunikation.* Stuttgart 1959.
Wiegand, Roland: *Der Mitmensch als Ärgernis.* München 1977.

Netzwerke, die Sie interessieren könnten

BFBM – Bundesverband der Frauen im freien Beruf und Management
www.bfbm.de
Ziel: Kontakte, Weiterbildung, Gleichberechtigung

BPW – Business und Professional Women
www.bpw-germany.de
www.bpw-europe.org
www.youngbpw-europe.org
Ziel: Kooperation, Förderung, Kontaktpflege und Verständigung

Connecta – Das Frauennetzwerk e.V.
www.frauennetzwerk-connecta.de
Ziel: Berufliche und persönliche Förderung, Hilfe bei der Karriereplanung, Weiterbildung

Deutsches Gründerinnen Forum e.V.
www.dgfev.de
Ziel: Verbesserung von Ausbildung, Beratung und Finanzierung bei Existenzgründungen von Frauen

EAF – Europäische Akademie für Frauen in Politik und Wirtschaft e.V.
www.eaf-berlin.de
Ziel: Förderung von internationalen Kontakten, Austausch, Gleichberechtigung und Nachwuchs

EWMD – European Women's Management Development Deutschland e.V.
www.ewmd.org
Ziel: Vernetzung und Weiterentwicklung von Frauen in Führungspositionen in Deutschland und Europa

femity – the female business community
www.femity.net
Ziel: Lernen – Informieren – Vernetzen – Treffen. Nach dem wertvollen Prinzip give & take unterstützen und fördern die Mitglieder sich gegenseitig. Erfahrungs- und Informationsspeicher für berufstätige Frauen

FIM – Vereinigung für Frauen im Management e.V.
www.fim.de
Ziel: Kontaktpflege, Gleichstellung, Akzeptanz von Frauen im Beruf

Journalistinnenbund e.V.
www.journalistinnen.de
Ziel: Vernetzung von Journalistinnen, Frauen in den Medien stärken

VDU – Verband deutscher Unternehmerinnen e.V.
www.vdu.de
Ziel: Erfahrungsaustausch, politischer Einfluss

Schauen Sie sich um in Ihrer Stadt, in Ihrer Region, verfolgen Sie die Berichte in der Presse, informieren Sie sich in Frauenbüros, Frauen-Beratungsstellen, welche Netzwerke es dort gibt und gehen Sie einfach einmal hin! Vielleicht ist ja genau das Richtige für Sie dabei! Viel Spaß beim Net(t)working!